跨国公司与本土企业创新互动过程及影响因素研究

杜伟锦　杨　伟　郑登攀　等　著

本书受国家自然科学基金"跨国公司与本土企业创新互动过程及影响因素研究"（71273078）、浙江省自然科学基金"'两化'技术融合的模式、路径与机制研究"（LQ15G020006）资助出版

科学出版社

北　京

内 容 简 介

随着跨国公司研发全球网络的建立和我国企业自主创新能力的提升，跨国公司与本土企业之间传统的技术溢出关系正在演变为创新互动关系。创新互动的实质是跨国公司与本土企业之间复杂的双向知识流动过程。本书首先构建跨国公司与本土企业创新互动过程的一般理论框架，进而识别不同类型的互动，通过多案例研究归纳提炼各种类型创新互动实现的具体过程；其次对影响创新互动过程的内外部影响因素进行理论与实证分析；最后根据理论与实证研究结果给出促进两者互动的对策建议。本书拓展了已有的跨国公司技术溢出理论，丰富了知识供应链和企业间创新互动的相关研究，对于推动区域创新系统与全球研发网络的深度互嵌具有积极的借鉴意义。

本书是作者多年教学与科研成果的积累，不仅可作为高等院校科研工作者的参考书，也可作为企业管理人员的参考书，同时，本书也适合产业界和政府部门的工作人员阅读。

图书在版编目(CIP)数据

跨国公司与本土企业创新互动过程及影响因素研究 / 杜伟锦等著. —北京：科学出版社，2019.2
ISBN 978-7-03-059874-5

Ⅰ. ①跨… Ⅱ. ①杜… Ⅲ. ①跨国公司－技术合作－研究－中国 ②企业创新－研究－中国 Ⅳ. ①F279.247 ②F279.23

中国版本图书馆 CIP 数据核字（2018）第 275194 号

责任编辑：陶 璞 / 责任校对：贾娜娜
责任印制：张 伟 / 封面设计：无极书装

科学出版社 出版
北京东黄城根北街 16 号
邮政编码：100717
http://www.sciencep.com

北京盛通商印快线网络科技有限公司 印刷
科学出版社发行 各地新华书店经销

*

2019 年 2 月第 一 版 开本：720 × 1000 1/16
2019 年 2 月第一次印刷 印张：8 3/4
字数：180 000

定价：72.00 元
（如有印装质量问题，我社负责调换）

序

跨国公司与本土企业的创新互动，是我国经济社会发展和科技进步过程中不可忽视的重要现象。从改革开放初期汽车工业的"市场换技术"，到21世纪初的"自主创新"，再到"创新驱动发展"，党和国家重大科技政策的演变，某种程度上也折射出跨国公司与本土企业创新互动关系的演变。在这一过程中，本土企业如何通过创新互动积累创新能力，提升技术水平，最终实现技术赶超，是学术界、实践界和政策制定者共同关注的问题。针对此问题，该书首先界定了跨国公司与本土企业的创新互动的内涵，并将其分为合作型和竞争型两种类型；其次对两种创新互动类型的过程和影响因素进行了理论分析与案例研究；最后探讨了创新互动背景下我国企业从模仿创新走向自主创新的策略演化过程与条件。该书既具有较高的理论水平，又对本土企业的创新实践和相关部门的政策制定有着积极的意义。

经济全球化背景下，跨国公司与本土企业通过创新互动获取外部知识，共同进步，实现双赢。但是，跨国公司与本土企业在一些领域会形成直接的竞争关系，因此，该书首先分析了跨国公司与本土企业之间的竞争型创新互动关系。通过知识流动过程理论及竞争互动理论分析，构建了跨国公司与本土企业之间竞争型创新互动的理论模型。该模型将竞争型创新互动划分为主体内部的知识互动及主体间的知识互动过程，并认为知识势差是竞争型创新互动过程的驱动因素。该书还应用华为与思科的实际案例对该理论模型进行了验证。其次，为了分析跨国公司与本土企业的合作型创新互动策略，该书应用"囚徒困境"和"智猪博弈"两个博弈模型分别构建了缔约和履约两个阶段的理论模型，分析了跨国公司与本土企业创新互动的预期收益、互动成本、机会成本、企业规模和信任程度对创新互动策略选择的影响，得到了诸多有意义的结论。最后，为了深入研究本土企业由模仿创新策略向自主创新策略演化的过程和内在机理，该书从企业群体的视角构建了本土企业技术创新策略的演化博弈模型，分析了传统二元技术创新策略过程，并在此基础上提出了以模仿创新策略、混合策略和自主创新策略为主的三元技术创新策略演变过程，进而揭示了本土企业自主创新策略演化的内在机理。

杜伟锦教授及其团队从事技术创新管理与科技政策研究，发表了一系列理论研究成果，部分政策建议获得政府部门采纳。该书对跨国公司与本土企业创新互动未来发展的深入研究非常有意义。

中国工程院院士　刘人怀

前　言

在经济全球化和中国改革开放的进程中，跨国公司扮演着举足轻重的角色，对中国本土企业的成长有着关键性的影响。其中，跨国公司与本土企业间的创新互动是一个重要且有待深入研究的现象。跨国公司，尤其是世界 500 强企业，长期以来是我国企业开展技术学习和赶超的对象，是推动或刺激我国企业技术能力提升的不可忽视的因素。已有的学术研究更多地关注"跨国公司技术溢出-本土企业技术吸纳"这样一种单向度的关系，对跨国公司与本土企业在技术创新方面的复杂互动过程关注不够。在此背景下，2012 年，我作为项目负责人，申请获批了国家自然科学基金项目"跨国公司与本土企业创新互动过程及影响因素研究"（71273078），力图对跨国公司与本土企业创新互动的过程进行深入挖掘及归纳分析，识别其中的关键性影响因素，进而为本土企业技术水平的提升和实现创新驱动发展提供理论指导。本书集中地反映了该项目的研究成果。

在本书中，创新互动是指跨国公司与本土企业两类主体在技术创新方面发生的相互影响、相互作用的关系。与单向度的技术溢出不同，创新互动是本土企业技术能力提升到一定程度之后，与跨国公司关系的新变化。进一步，本书将跨国公司与本土企业的创新互动分为两类：一是合作型创新互动，是指跨国公司与本土企业开展的各类合作创新，如合作研发、创新联盟等；二是竞争型创新互动，是指跨国公司与本土企业围绕技术创新开展的直接竞争，如产品的竞相升级、技术标准大战等。由此，跨国公司与本土企业的创新互动不仅包括合作创新，还包括以技术创新为手段的市场竞争。这一分类对应我国企业实现技术赶超的两种可能模式，具有积极的现实意义，是本书的重要逻辑主线。

在上述基础上，本书共分 6 章。第 1 章绪论，概述本书的研究目的、意义与主要内容。第 2 章跨国公司与本土企业创新互动的内涵、过程与条件，对相关基础概念进行界定。第 3 章跨国公司与本土企业竞争型创新互动过程与机制，从知识势差视角，结合华为与思科的案例，对竞争型创新互动进行研究。第 4 章跨国公司与本土企业合作型创新互动过程与机制，通过构建博弈模型，对合作型创新互动的一般过程，以及不同情境下的策略选择进行研究。第 5 章跨国合作背景下本土企业技术创新策略演化过程分析，旨在揭示在合作型创新互动背景下，我国企业从模仿创新策略向自主创新策略的演化过程与条件。第 6 章结论。

随着创新驱动发展战略的深入实施，我国已涌现出了一批具有较高技术水平和国际影响力的创新型企业，跨国公司与本土企业的创新互动现象将会更加频繁和普遍，相关的理论研究也值得不断深入。希望本书能够起到抛砖引玉的作用，为学术界同行的相关研究工作提供一些借鉴。同时，本书的理论研究成果对技术创新和科技管理的实践具有积极的启示意义。

本书是集体智慧的结晶。杭州电子科技大学杨伟、郑登攀以及硕士研究生刘玉青、吕洁、张晓莲和张新宇参与了本书的撰写。此外，向参与项目研究的杭州电子科技大学陈畴镛、胡保亮、张定华表示感谢。同时感谢杭州电子科技大学管理学院和浙江省信息化与经济社会发展研究中心在课题研究和成果出版方面提供的支持与帮助。

杜伟锦

2018 年 3 月 2 日

目 录

- 第1章 绪论 ... 1
  - 1.1 研究目的与意义 ... 2
  - 1.2 研究内容 ... 3
  - 1.3 研究方法和研究创新点 ... 3
- 第2章 跨国公司与本土企业创新互动的内涵、过程与条件 ... 5
  - 2.1 创新互动的内涵 ... 5
  - 2.2 创新互动的实现过程 ... 9
  - 2.3 创新互动过程的实现条件 ... 11
- 第3章 跨国公司与本土企业竞争型创新互动过程与机制 ... 17
  - 3.1 竞争型创新互动的内涵 ... 17
  - 3.2 竞争型创新互动的实现过程 ... 19
  - 3.3 知识势差对竞争型创新互动过程的影响 ... 22
  - 3.4 基于华为与思科的竞争型创新互动案例分析 ... 27
- 第4章 跨国公司与本土企业合作型创新互动过程与机制 ... 41
  - 4.1 合作型创新互动的一般过程及实现 ... 41
  - 4.2 不同情境下的合作型创新互动的过程 ... 48
  - 4.3 案例研究 ... 76
- 第5章 跨国合作背景下本土企业技术创新策略演化过程分析 ... 86
  - 5.1 群体研究视角下的企业技术创新策略演化 ... 86
  - 5.2 技术创新策略的类型 ... 87
  - 5.3 企业技术创新策略演化的过程与机理 ... 90
  - 5.4 企业技术创新策略演化过程的博弈分析 ... 93
- 第6章 结论 ... 102
  - 6.1 通过竞争型创新互动提升本土企业能力的对策建议 ... 102
  - 6.2 不同情境下促进合作型创新互动的对策建议 ... 108
  - 6.3 促进跨国公司与本土企业创新互动的对策建议 ... 116
- 参考文献 ... 122

第1章 绪 论

随着经济全球化和世界经济网络的不断发展与扩张,中国市场的巨大潜力日益被发达国家的跨国公司所重视,跨国公司作为世界经济创新的主体,对中国市场也产生了巨大的影响。从 20 世纪 90 年代开始,就不断有跨国公司进入中国市场。跨国公司作为经济全球化的领导者,由于对东道国的不断扩张,由最初的代工生产转变为在东道国设立子公司,再到现在开始与东道国的本土企业进行合作创新。博斯公司的最新调查显示,2009 年全球研发经费支出最多的 1000 家跨国公司的研发创新费用总额已经达到 5030 亿美元,是全球研发创新经费的 50%。王志乐和许丽丽(2011)指出自金融危机以来,中国市场的潜力被越来越多的跨国公司所重视,它们纷纷来华进行对外直接投资,并且设立研发基地,以求提升自己的竞争力,能在中国市场有一席之地。到目前为止,跨国公司已经在华对不同的产业设立了超过 1200 个研发中心,这些产业中,集中密度最高的是技术密集型行业,而且跨国公司设立的在华研发机构已经从区域性研发基地升级为全球研发基地。例如,根据上海市商务委员会的统计数据,截至 2017 年 7 月底,跨国公司在上海建立了 605 家地区型总部和总部型机构,其中研发中心多达 416 家。

跨国公司的全球研发网络不断扩展以及本土企业的研发创新能力不断提高,两种企业的关系从过去的技术溢出-技术吸纳模式逐渐转变为国际化知识和本土化知识不断融汇创新的互动关系。目前,我国企业的自身研发能力也在不断提高,自主创新的意识也在逐渐增强,许多跨国公司以越来越频繁的趋势对中国市场进行抢占,"跨国公司本土化""跨国公司全球化"的战略实施导致跨国公司拥有更强烈的欲望对本土化知识进行获取,跨国公司发展与本土企业之间的互联互动关系也越来越明显。例如,通用公司提出了"反向创新战略",指出利用东道国企业的知识进行研发创新,再将产品销售到国际市场。2002 年,通用电气医疗系统公司在江苏无锡与当地的一个研发小组合作,对超声波医疗检测仪进行本地研发工作。该小组通过使用手提电脑配件,研发出一个小型的替代产品,还开发出相应的软件,该便携超声波医疗检测仪的销售额在全球从 400 万美元增长到 2.78 亿美元,这种本土的创新研发团队,对这一项目作出了巨大的贡献。

跨国公司与本土企业具有异质性,它们的国家环境、企业文化、技术水平、社会文化等各方面都存在差距,造成跨国公司与本土企业的创新互动环境相较于其他企业合作创新会更加复杂。目前，从创新互动的现状来看，跨国公司与本土企业之间的互动越来越频繁，本土化的程度越来越高，但是两种企业的互动关系并不稳定。基于此，根据跨国公司与本土企业创新互动的不同阶段，研究跨国公司和本土企业在进行互动策略选择时受到哪些因素的影响，对跨国公司与本土企业创新互动的现有理论进行深化，同时，对不同情境下跨国公司与本土企业进行创新互动提出不同策略选择，可以为跨国公司与本土企业创新互动提供参考。

1.1　研究目的与意义

1.1.1　研究目的

本书在不同情境下，讨论跨国公司与本土企业在不同阶段创新互动的策略选择，而两种企业如何进行创新互动的策略选择受到多个因素的影响，因此，本书的核心是通过分析本土企业和跨国公司创新互动的博弈过程，研究企业之间的企业规模和信任程度，以及互动的成本收益对创新互动策略选择的影响。为了这个目的，本书对创新互动的策略选择过程进行理论分析，并根据不同的阶段构建相应的博弈模型，通过博弈模型和均衡条件分析影响跨国公司与本土企业创新互动策略选择的主要因素，最后根据模型分析的结果，提出相对应的对策建议。

1.1.2　研究意义

（1）创新主体之间的互动是创新体系的一部分，但是目前对跨国公司和本土企业之间创新互动的研究理论尚不完善。跨国公司和本土企业作为主要的研究对象，具有较强的异质性，跨国公司与本土企业之间的创新互动具有特殊性，在互动的环境下两者之间的创新互动是比较复杂的，分阶段地探讨两者间的创新互动策略选择，有利于对理论创新体系中创新互动关系的完善。

（2）跨国公司与本土企业的创新互动会促进技术外溢，本土企业能够通过这种方式提高自身的创新能力，探讨跨国公司与本土企业创新互动的策略选择，对于促进跨国公司与本土企业开展良性互动，提高本土企业技术创新能力，促进跨国公司技术溢出效应具有重要的现实意义。

（3）运用博弈方法探讨跨国公司与本土企业创新互动的现象已经有一部分学者研究过了，但是运用博弈模型的基础框架，分情境研究跨国公司与本土企业创新互动的现象，几乎没有学者涉猎过，通过不同的博弈框架研究不同情境下的创新互动现象，进一步完善和补充创新互动的理论模型，可以为以后的相关研究提供参考。

1.2 研究内容

第1章，绪论。本章主要介绍研究的背景、目的、意义、研究思路及创新点。在研发全球化的背景下，跨国公司开始在全球范围内寻找最优的合作伙伴，随着本土企业创新能力的提升，跨国公司与本土企业的创新互动成为现实。

第2章，跨国公司与本土企业创新互动的内涵、过程与条件。本章在阅读大量文献和相关著作的基础上，从创新互动的内涵、过程与条件相关研究进行详细的介绍，并对已有的研究进行总结分析。

第3章，跨国公司与本土企业竞争型创新互动过程与机制。本章首先界定竞争型创新互动的基本理论；其次对竞争型创新互动的过程进行分析；最后对竞争型创新互动的影响因素进行分析，并通过案例进行检验。

第4章，跨国公司与本土企业合作型创新互动过程与机制。本章首先界定合作型创新互动的基本理论；其次对合作型创新互动的主要影响因素进行分析；最后对合作型创新互动的不同情境进行分析并描述跨国公司和本土企业创新互动的博弈表现。

第5章，跨国合作背景下本土企业技术创新策略演化过程分析。在大量阅读文献的基础上，通过运用博弈理论的方法，对企业技术创新策略演化问题进行研究，重点研究我国企业从模仿创新策略到自主创新策略的演化问题。

第6章，结论。总结本书的主要研究结论以及研究的局限和展望。

1.3 研究方法和研究创新点

1.3.1 研究方法

（1）文献研究法。本书在搜集、整理、阅读相关文献的基础上，对跨国公司与本土企业创新互动有了基本的认识，在分析前人研究内容和方法的同时，选择了本书的研究视角和研究方法。

（2）博弈模型分析法。本书在对两种不同阶段博弈的适用情境、条件、模型进行充分分析了解的基础上，对创新互动策略选择的影响因素进行模型分析。

（3）数值试验。本书根据文献的总结，选取了具体的数值，对博弈模型分析的结果进行分析，通过 MATLAB 7.0 软件，分析各个因素对跨国公司与本土企业创新互动的影响。

（4）比较分析法。本书对两种不同情境的博弈分析结果和均衡条件进行归纳与总结，讨论不同阶段跨国公司与本土企业创新互动的策略选择影响因素的异同点。

1.3.2 研究创新点

国内外学者对跨国公司与本土企业创新互动的研究并不多,一般的研究主要集中在对跨国公司在本土的技术溢出效应或技术挤出效应以及一般的影响因素和作用的介绍。本书立足于全新的视角,探索了本土企业和跨国公司创新互动的研究框架,本书研究的创新性主要表现在如下四点。

(1)构建竞争型创新互动过程模型。通过模型的构建,明确竞争型创新互动的实现过程。虽有一些研究意识到创新互动的本质是主体间的知识流动,但关于这种知识流动的具体实现过程还没有得到充分揭示。而已有的跨国公司对本土企业技术溢出的研究,也只考查了单向的知识流动过程,不能准确反映两者之间的创新互动。因此本书利用已有的文献分析得出竞争型创新互动的本质是知识流动,结合在实现过程中进行多次动态博弈行为,利用线性网络结构图将这一过程清晰地表现出来,进一步明确创新互动的实现过程。

(2)根据两种不同的情境,对跨国公司与本土企业创新互动的现象进行研究,目前关于跨国公司与本土企业创新互动的研究,主要集中在创新互动现象或者影响因素等方面。然而,在创新互动的实际情况中,会出现不同的阶段,而不同阶段的影响因素也会有不同的地方,本书就针对跨国公司与本土企业合作型创新互动缔约阶段和履约阶段进行研究,这是对现有研究的进一步深入,也是本书的一个创新点。

(3)通过比较的方法,根据"智猪博弈"和"囚徒困境"两种基础的博弈框架,建立模型并对影响策略选择的条件进行分析,对两种情境的结果进行比较分析,揭示两种情境策略选择影响因素的不同点,这是对现有研究的进一步补充,也是本书的另一个创新点。

(4)研究企业群体层面的技术创新策略演化。已有运用博弈模型的研究大多都是企业个体之间的博弈,这更多地解决的是技术创新策略选择的问题,而无法解释演化的问题。本书通过对比个体和群体选择理论的优劣,指出从个体角度研究企业技术创新策略演化过程的缺陷。企业群体的技术创新策略演化问题关系到一个国家的综合实力和技术水平的高低。根据演化博弈理论,从企业群体层面的研究能够更加清晰地反映技术创新策略的演化问题,本书弥补了这一研究不足。

第 2 章 跨国公司与本土企业创新互动的内涵、过程与条件

技术创新是一项复杂的系统工程，创新绩效不仅仅取决于企业，还取决于大学、科研机构、技术中介机构、政府部门以及它们之间的互动和合作。企业与企业之间的互动与合作包括它们之间正式的经济技术联系，也包括它们之间非正式的联系和接触（王建华，2007）。

随着创新过程和产品对象的复杂性不断增强，出现了第四代和第五代创新过程模式，这两类模式强调从线性、离散模式向一体化、网络化模式转变，认为创新管理需要系统观和集成观。创新的互动（interaction）观点日益受到重视，包括企业研发系统内部各部门之间、研发与其他部门之间、生产者与顾客或供应商之间以及与其他企业之间的互动作用等。从微观层面研究跨国公司研发机构与本土互动规律的成果很少，楚天骄和杜德斌（2006a）把互动界定为组织之间为获得知识流动而发生的相互作用和相互影响。知识流动是指由任何组织独立创造的经验和知识与其他组织相互作用、交换，以扩散、积累或分享知识。知识流动的数量和质量将反映出组织间相互联系的有效程度（OECD，1997）。Dain 等（2008）认为企业往往专注于自己具有核心竞争力的技术，而将其他的技术进行整合。樊一阳和张家文（2008）指出我国创新互动处于蓬勃发展阶段，企业从互动中吸取了有利于系统创新的物质、能量和信息，促进其向更高层次演化。向清华和赵建吉（2010）提出知识互动共享的区域创新文化和激励机制是区域创新的社会动力，资源整合是提高区域创新能力的重要途径。李兴江和赵光德（2009）提出了区域创新资源整合的市场机制和政府机制；政府机制主要包括保障机制、约束激励机制、利益分配机制、公共服务机制。

2.1 创新互动的内涵

2.1.1 创新互动概念

创新一词最早由奥地利经济学家熊彼特提出，他在专著《经济发展理论》一书中指出"创新是建立一种新的生产体系，这种生产体系把生产要素和生产条件重新组合，以获得潜在利润"。熊彼特所说的"创新"和"新组合"包括五种情况：

采用一种新的产品，采用一种新的生产方法，开辟一个新的市场，掠取或控制原材料或半制成品的一种新的供应来源，以及实现任何一种工业的新的组织。对创新的研究应该首先对研究主体加以限定，熊彼特（1997）认为企业是技术创新的主体，并且"企业家是创新的唯一主体"。但是随着创新理论由线性模式向非线性模式转变，创新逐渐被认为是一个复杂的系统过程，创新行为是这个系统中诸多要素相互联系、相互作用的结果，企业并不是创新的唯一主体，创新可能在研究开发、市场化和扩散的任何阶段发生。因此，非线性模式下创新的参与部门除了企业，还包括客户、供应商、大学、科研机构、政府以及中介机构。经济合作与发展组织在1996年年度报告中提出，"创新是由不同参与者和机构的共同体大量互动作用的结果"，"从本质上看，创新体系是由存在于企业、政府和学术界的关于科技发展方面的相互关系与交流所构成的。在这个系统中，相互之间的互动作用直接影响企业的创新绩效和整个经济系统"。库克认为创新是一个复杂的过程，是用户、厂商和中介组织之间发生学习活动，并进行隐性和显性知识交换与转移的过程。

从以上创新的定义可以看出，创新本身就包含主体之间的互动。互动的现象最初来自于物理学，主要是指电子之间的相互作用和相互影响，后来互动广泛应用于生物学、心理学、经济学和管理学等诸多领域，它是社会活动的一种基本形式。根据《朗文当代英语辞典》，互动的英文"interaction"有两种解释，一是两种或两种以上事物彼此影响并合作的过程；二是与他人交谈并理解他们的活动。微观角度的互动体现了人与人之间的相互作用；而宏观角度上是指群体之间、组织之间，甚至是国家之间的相互作用。刘洪涛和汪应洛（1999）在《国家创新系统（NIS）理论与中国的实践》一书中提道："互动理论最早在社会学领域中出现，指最基本、最普遍的日常生活现象。后来学者把社会学领域的互动理论应用在经济学和管理学领域中，并从系统学的角度，把互动理解为系统通过其内部具有竞争性的子系统之间的协作、激励，以及子系统要素之间的互换、互补，实现整体发展与多方共赢的自组织演化过程。"赵醒村等（2001）认为创新行为主体是创新互动的基本单位和元素，在科技创新过程中，互动是创新行为主体之间的相互作用，他们指出目前构成我国科技创新互动的行为主体主要有企业、大学、研究院所、科技中介机构。楚天骄和杜德斌（2006b）把互动界定为组织之间为获得知识流动而发生的相互作用和相互影响。林吉双和杨继军（2006）认为跨国公司进入东道国以后，并不总是也不可能完全孤立于内资企业，而总是会与内资企业之间存在一定形式的互动。他们将互动定义为外资企业与内资企业之间直接或间接地通过信息传播而发生的相互依赖性的活动，而互动本身会产生技术溢出，所以他们认为跨国公司在某些时候出于对自身战略的考虑，会对某些层面的互动进行控制。王浩（2007）在研究跨国公司总部与东道国城市互动时将互动界定为组织之间为获得包括知识、信息、资金等经济要素流动而发生的相互作用和相互影响。

李钧（2011）在研究跨国公司与东道国本土企业技术创新互动时并没有明确互动的概念，但是他认为两者之间互动的本质就是知识的转移。

跨国公司与本土企业创新互动到目前还没有统一的界定，已有的少数研究也起步较晚，但是跨国公司与本土企业创新互动的现象确实是存在的，技术扩散、模仿创新、合作研发等发生知识双向传递的活动都可视作两者创新互动的范畴。本书在借鉴已有研究的基础上，对跨国公司与本土企业的创新互动定义如下。

跨国公司与本土企业为了实现共有收益，经过谈判协商形成了一个或多个组织，通过这个（些）组织进行知识的转移、学习、吸收和创新，创新互动就是两者在这个过程中表现出来的相互作用、相互影响的一系列活动。广义上组织是指由诸多要素按照一定方式联系起来的系统，这里的组织是从狭义上来讲的，是指相互协作结合而形成的团体，本书中的组织可能是一个项目、一种联盟，也可能是一个新的企业。

2.1.2 创新互动类型

1. 按照创新互动双方关系分类

（1）合作型创新互动。跨国公司与本土企业通过合作的方式进行知识的转移和学习，以实现共有收益。本书研究的跨国公司与本土企业的互动即合作型创新互动，这种互动方式以社会网络、供应链为纽带，互动过程较直接，相互传递的主要是隐性知识。

（2）竞争型创新互动。跨国公司与本土企业的创新互动不仅仅表现为合作的关系，两者之间的竞争也是创新互动的表现。例如，跨国公司与本土企业作为市场上的直接竞争对手，彼此将对方作为竞争标杆，通过逆向工程、山寨模仿等方式从对方的产品和工艺中吸取知识并加以整合后推出新产品，或是采取与竞争对手相似的战略抢夺市场，这种类似的进攻-回应的行为也是跨国公司与本土企业创新互动的表现。竞争型创新互动方式以市场为纽带，互动过程较为间接，对技术创新的进步也起到了很大的作用，本书并未做详细研究。

2. 按照创新互动双方市场范围重叠程度分类

（1）横向创新互动。跨国公司与本土企业若经营相同的产品，处于相同的市场领域，则这种情形下两者的市场范围重叠程度较大，本书称这种互动为横向创新互动。横向创新互动下的企业竞争较为激烈，对收益的分割作用较大。

（2）纵向创新互动。跨国公司与本土企业若经营不同的产品和业务，但是存在互补的关系，则这种情形下两者的市场范围重叠程度较小，市场互补程度较大，本书称这种互动为纵向创新互动。此时的互动表现为产业链上的上下游企业间的互动关系,竞争较少,互补性较强。

(3)混合创新互动。混合创新互动同时包括横向创新互动和纵向创新互动,这种情形下,既存在较强的竞争又需要彼此合作,表现出复杂的竞合关系。

2.1.3 创新互动特征

1. 以收益实现为目的

每个企业都有自己独特的资源和竞争优势,通过互动进行学习,可以进一步增强各自的竞争力。Robins 等(2002)指出跨国公司与当地企业的合作是获取当地化知识、抢占市场份额最有效的方式,而本土企业需要先进的技术和管理知识来促进产品创新与提高市场占有率。跨国公司与本土企业合作型创新互动正好满足两者各自的目的,实现共有收益。

竞争型创新互动尽管不是为了实现共有收益,但无论是为了开发新产品、抢占市场份额还是击败竞争对手,最终也以收益的实现为目的。因此,跨国公司与本土企业任何形式的互动都以收益的实现为目的。

2. 以知识转移为方式

跨国公司与本土企业的创新互动,实质上是知识在两个主体之间的转移。Cutler(1989)指出知识转移是两个或者更多参与者之间,一方参与者从另一方参与者中获取知识的过程。Davenport 和 Prusak(1998)认为真正的知识转移包括两个方面,即知识发送方必须传送知识给知识接收方,同时知识接收方要有能力吸收知识,这与 Gilbert 和 Cordey-Hayes(1996)提出的外部知识需经历知识采纳和接受等阶段才可以转化为组织的知识的观点相一致。

跨国公司与本土企业的创新互动也是知识发送方和知识接收方的知识互动过程,在互动的过程中,跨国公司与本土企业以各自的知识为输入资源,通过两者共建的平台相互转移知识,并完成知识的吸收、应用和创新。知识的转移和学习始终贯穿在创新互动的过程中。

3. 创新互动过程的非线性

跨国公司与本土企业的创新互动不是一次就可以完成的,双方要经历多阶段的谈判与协商才能达成一致,并且良好的创新互动关系为进一步的创新互动奠定了基础。尽管合作型创新互动与竞争型创新互动的形式不尽相同,但互动关系都表现为动态的、非线性的、超循环的螺旋上升过程。

2.2 创新互动的实现过程

跨国公司与本土企业创新互动是创新主体之间交互作用的过程，其实质是知识在创新主体间的流动与传递，最终目的是双方通过互动实现共有收益。本书认为跨国公司与本土企业创新互动的过程分为两个阶段，每个阶段都以学习和收益的实现为特征：第一阶段是创新互动的初始阶段，首先完成学习的一方成为领先者并获得私有收益，本书将这一阶段定义为私有收益阶段；第二阶段建立在第一阶段的基础上，在领先者选择继续互动的前提下，落后者继续投入资源完成学习，双方实现共有收益，本书将这一阶段定义为共有收益阶段。跨国公司与本土企业创新互动实现过程见图2.1。

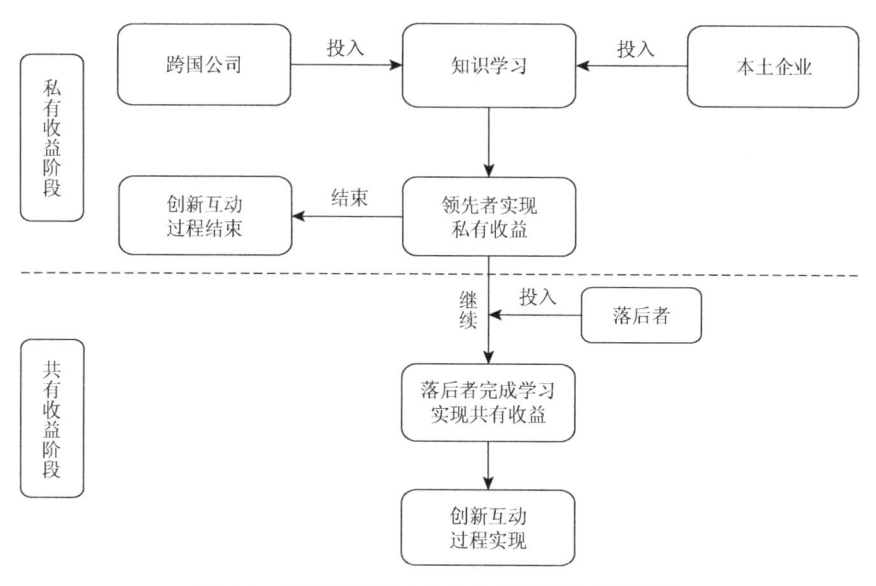

图 2.1 跨国公司与本土企业创新互动实现过程

图 2.1 完整描述了跨国公司与本土企业创新互动的实现过程，从这个过程图可以看出，创新互动能否实现取决于跨国公司与本土企业能否实现共有收益。跨国公司与本土企业进行创新互动的最终目的是实现最大化的收益，互动可以带来不同方面的收益，如通过规模经济、优势互补等方式降低生产成本；通过互动提高市场占有率；通过互动产生新的知识，弥补原有知识的不足，以提高创新能力和竞争力。不管是怎样的方式，最终都以收益的形式表现出来，因此，本书从利益流的角度来解析跨国公司与本土企业创新互动的实现，并假定跨国公司与本土企业创新互动只有实现了共有收益才算真正实现了创新互动。

利益流的观点是 Khanna 等（1998）在分析联盟范围时提出的，他将联盟企业的收益分为私有收益和共有收益。私有收益是指联盟伙伴公司通过向其联盟伙伴学习，将学习到的知识应用于联盟之外的市场而单独获得的收益，这部分收益属于个体。私有收益又分为暂时性私有收益和永久性私有收益，暂时性私有收益是指获得共有收益后即被挤占的收益，而永久性私有收益是不会被挤占的，一旦获得即成为永久性的收益。共有收益是指联盟成员共同应用从联盟伙伴处学习的知识而获得的归属于联盟所有成员的收益。从利益流的观点解释问题的研究并不多，陈菲琼（2002）从企业联盟的角度指出，联盟是一个集竞争与合作的联合体，联盟的参与者可以获得私有利益和共有利益两种本质上不同的利益，两种利益不同的比例会对联盟的可持续性造成影响。

本书沿用以上两位学者关于利益流的观点对跨国公司与本土企业互动问题进行研究，并认为私有收益是指跨国公司与本土企业创新互动过程中，首先完成学习的一方利用学习到的知识从市场中获得的个体收益；共有收益是指创新互动双方都完成学习后，利用学习到的知识获得的属于双方共有的收益。本书将私有收益分为暂时性私有收益和永久性私有收益，其中暂时性私有收益将在双方获得共有收益后被挤占，被挤占的程度取决于跨国公司与本土企业市场范围重叠的程度，这将在本书后面的内容中重点介绍。

2.2.1 私有收益阶段

私有收益阶段是创新互动的第一阶段，跨国公司与本土企业在已经建立合作关系的基础上为了获得收益要投入资源进行知识的学习。知识的转移是创新互动的本质，学习是获得收益的重要来源，知识的学习需要投入学习成本，收益与成本的平衡是创新互动过程中跨国公司与本土企业衡量的重要标准，互动双方选择合作或不合作的策略，关键是看哪种策略会带来更大的收益，即单独应用知识的收益和合作应用知识的收益之间的比较。Inkpen（2005）指出学习需要投入相关的资源，否则学习就很难发生，他指出收益与学习资源的投入呈正相关关系。因此，本书假定跨国公司与本土企业创新互动中，两者获得的收益是其投入的学习资源的函数，并且投入资源较多的一方将会首先完成学习成为领先者。

领先者完成学习后，会将学到的知识应用于自己的市场获得私有收益，由于对方并没有完成学习，根据本书的假定，此阶段不存在属于双方的共有收益。已获得私有收益的领先者的进一步行动决定了创新互动能否实现，领先者可以选择结束或继续两者的互动关系，这取决于其对未来共有收益的预期，这种预期是企业根据市场调查情况及企业自身的经验等预测会获得的收益值。利益流的分析中，本书已经指出暂时性私有收益在共有收益实现时会被挤占，因此，只有领先者认为预期的共有收益足够大到可以弥补被挤占的私有收益时才会选择继续互动。若领先者预计未来实现的共有收益不足以弥补被挤占的私有收益，领先者选择结束互动关系，跨国公司与本土企业的创新互动结束。本阶段实现了私有收益而没有实现共有收益，根据本书的假定，创新互动并未实现。

跨国公司与本土企业从资源投入到创新互动关系结束的过程只实现了私有收益，尽管在这种情况下两者也存在成本与收益的均衡，但这并不是本书阐述的重点，因此本书会重点考察领先者继续选择互动的情形。

2.2.2 共有收益阶段

共有收益阶段是创新互动的第二阶段，领先者实现私有收益后，预期未来实现的共有收益足以弥补被挤占的私有收益而选择继续互动。领先者做出了继续互动的选择，根据领先者做出的选择，落后者会调整自己的行动，落后者是根据领先者的定义提出的，是指创新互动中后完成学习的一方。一旦领先者选择继续互动，落后者会继续投入资源进行学习，而领先者由于已经完成学习不会再投入资源，只产生了维持互动关系的增量成本。

落后者完成学习是共有收益实现的关键。当落后者完成学习后，跨国公司与本土企业利用学习到的知识进行创新或开发新产品和技术并应用于共同的市场而获得属于双方的共有收益，共有收益是落后者投入资源的函数，同时知识的获取使得双方都获得永久性私有收益。共有收益的实现意味着跨国公司与本土企业创新互动的实现。从最初的资源投入到私有收益实现再到共有收益实现体现了跨国公司与本土企业创新互动的完整过程，在这个过程中，共有收益能否实现取决于共有收益与私有收益的相对比例。

跨国公司与本土企业创新互动过程能否实现与创新互动持续时间没有多大关系，持续时间长并不意味着互动开展得好，而持续时间短也不意味着互动没有实现。例如，跨国公司与本土企业进行合作研发项目，当研发完成时，合作关系就终止了，但是两者却实现了共有的收益，所以本书对创新互动过程实现条件的定义并不是考虑时间的长短，而是以互动之后是否实现共有收益来确定的。而且本书并不是从收益与成本的绝对量来考察创新互动实现条件的，而是通过两者互动实现的私有收益和共有收益的相对比例来说明互动能否实现的。

2.3 创新互动过程的实现条件

本书假定共有收益实现是衡量跨国公司与本土企业创新互动过程实现的标

准,从创新互动过程(图 2.1)可以看出,最终收益的实现受多个条件的限制。首先是学习能力,学习能力的强弱会导致学习速度的差异,先完成学习的一方会掌握互动的主动权,同时学习的投入也影响了收益的获取;其次是市场范围重叠程度,在共同的市场范围内,共有收益的实现会挤占已获得的私有收益,降低先完成学习的一方继续互动的积极性;最后是知识互补程度,知识作为无形资产是企业取得竞争优势的关键,越来越多的企业选择互动更多是出于对知识学习的考虑,知识的互补程度对共有收益的实现产生了很大的影响。在这样的情境下,本书通过构建影响跨国公司与本土企业创新互动过程实现的理论框架,考察跨国公司与本土企业创新互动过程的实现问题。

2.3.1 学习能力

跨国公司与本土企业的创新互动实质上是知识在两主体间的流动,充分编码的知识可能会轻易地发生流动,但是对于黏滞知识,由于其本身的丰富性和模棱两可,即使能够流动也会非常缓慢,所以主动的学习会增加知识流动的速度和效果。博伊索特(2005)指出知识资产是通过学习过程建立起来的,而学习是以适应性的方式充分利用知识流动的一种能力。创新互动本身是一种知识的转移,学习是跨国公司与本土企业获得收益的来源,Cohen 和 Levinthal(1990)认为,企业能识别新的外部信息价值,然后吸收它并用于商业用途的能力就是吸收能力,它体现了知识接收方学习知识的能力,在非严格的定义下,吸收能力等同于本书所讲的学习能力。

跨国公司与本土企业创新互动的过程实际上就是知识的学习过程,这个过程必然会受到学习能力的影响。假设跨国公司与本土企业的学习总能同时完成,不存在学习能力上的差异,双方就会同时完成学习实现共有收益,就会避免出现竞争性行为。实际上,由于企业之间的规模、发展历史以及由此积累的知识存量并不一样,学习能力会存在很大的差异。知识存量是企业在长期的发展中沉淀积累起来的,是对本领域知识的一种掌握,知识存量越丰富,学习到类似知识时入门就会越快,并能领悟知识的本质,将其转化为自己的知识加以利用。

已有的研究成果表明,学习能力越强,理解接受知识就越快,知识流动的过程就越顺利,在互动的情况下完成学习的速度也会越快。李纲等(2007)指出,吸收能力是研发投资的增函数,即研发投资越大,企业的吸收能力越强。Lyles 和 Salk(1996)研究发现,合资方的学习能力以及培训计划的执行情况与合资企业从母公司处获得知识的程度正相关。知识存量的不同使得学习能力必然会存在差异,而学习能力是双方知识资源投入的重要指标,知识资源的投入决定学习完成的先后顺序。因此,学习能力的差异使得创新互动出现一方首先完成学习的情形。

首先完成学习的一方必然会将学习到的新知识加以应用以获得私人收益,同时领先者也获得了互动主动权。互动主动权是指首先完成学习的一方从互动中获得私有收益后而获得的决定是否继续互动的权利。

2.3.2 市场范围重叠程度

跨国公司与本土企业互动基于具有相似的业务或产品,本书所讲的市场范围重叠程度是在假定跨国公司与本土企业有相似的业务或产品的基础上进行讨论的。跨国公司与本土企业创新互动的过程中,会有私有收益和共有收益产生,私有收益来自于完成学习后单独对知识的应用,共有收益来自于完成学习后联合对知识的应用。共有收益实现后会对私有收益产生挤占,挤占程度取决于跨国公司与本土企业市场范围的重叠程度。若跨国公司与本土企业市场范围重叠程度较大,获取共有收益之后对私有收益的挤占也会较大;反之,若市场互补程度较大,共有收益的实现挤占的私有收益就会较小。

跨国公司与本土企业的市场范围重叠程度与各自的产品、经营业务及营销市场相关,为了更好地理解市场范围重叠程度对收益流的影响,本书首先对市场范围重叠的不同种类进行介绍,见图2.2,两个正方形分别代表了跨国公司与本土企业所占据的市场,两个正方形不同的位置代表了跨国公司与本土企业市场范围重叠的关系,分为市场范围完全不重叠、市场范围部分重叠和市场范围完全重叠三种类型。

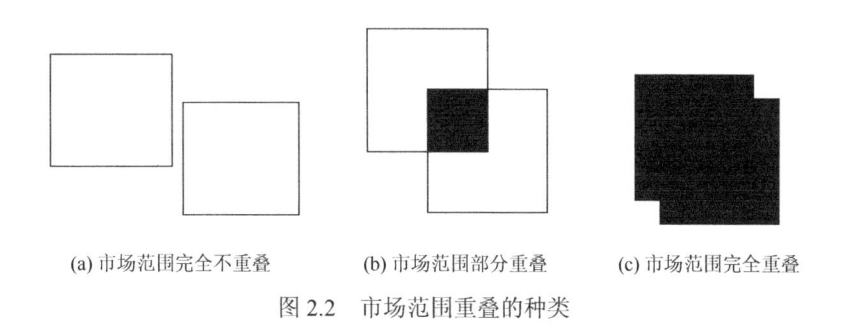

(a) 市场范围完全不重叠　　(b) 市场范围部分重叠　　(c) 市场范围完全重叠

图 2.2　市场范围重叠的种类

在图2.2(a)中,跨国公司与本土企业的市场范围完全不重叠。在这种情况下,跨国公司与本土企业没有任何业务或产品的相似性,两者进行互动的可能性较小。若两者因为某些原因互动,首先完成学习的一方将学习到的知识应用到自己的市场会获得私有收益,同时,由于市场范围不重叠,继续互动实现的共有收益并不会挤占已得的私有收益,此时创新互动过程实现的可能较大。本书的假定是建立在两者存在一定的业务或产品重叠基础上的,这种情形本书不做详细考察。

在图 2.2（b）中，跨国公司与本土企业的市场范围部分重叠。在这种情况下，跨国公司与本土企业进行互动，首先完成学习的一方获得私有收益后就会将已得的私有收益和继续互动后预期得到的共有收益进行比较。因为市场范围存在一定的重叠，继续互动会挤占一部分已经获得的私有收益，只有当获得的共有收益足以弥补被挤占的私有收益时，创新互动过程才会实现。

在图 2.2（c）中，跨国公司与本土企业的市场范围完全重叠。在这种情况下，跨国公司与本土企业进行互动，首先完成学习的一方将知识应用到市场会获得足够大的私有收益，这削弱了领先者继续互动的动机，而且继续互动后会极大地挤占私有收益。联合知识的应用会比单独应用知识产生更多的收益，所以领先者更会选择结束互动关系。

三种不同类型的市场范围重叠显示了跨国公司与本土企业不同的关系，部分重叠和完全重叠又可以分为横向重叠、纵向重叠与混合重叠三种类型。横向重叠是指跨国公司与本土企业的业务、经营产品或营销市场是相似的；纵向重叠是指跨国公司与本土企业的业务、经营产品或营销市场是互补的；混合重叠是指同时存在以上两种重叠的情形。不同类型的重叠对收益的实现存在不同的影响，即对创新互动过程的实现存在不同的影响。

2.3.3 知识互补程度

有价值的资源一般是难以模仿的、不可替代的，当企业无法通过市场和内部化获得这些资源时，就必须与其他企业交换这些资源。Milgrom 和 Roberts（1990）较早应用互补性理论对制造业企业的经济和运营进行了研究，他们发现成功运营的企业具有产品价格低、更新快、订货周期短和次品率低等特点，而这些特点存在互补性，即同时改进的收益要大于单独改进的收益。分工带来了工作效率的明显提升，在专业化分工的背景下，企业内部知识的互补发挥了重要作用，贾宪洲和叶宝忠（2010）就从专业化分工的角度解释了知识互补的重要性，他们认为专业化的分工导致了分立劳动，而分立劳动之所以需要合作就在于知识的互补性。

本书从企业外部知识互补的角度解释知识互补性对创新互动的作用。Krusell 等（2000）用资本-技术互补性假说解释了美国技术溢价的现象，研究了技术工人、非技术工人、结构、设备四种要素的价格和数量，发现技术工人和设备之间、非技术工人和设备之间存在很强的互补性。实际上，资本-技术互补性就是知识的互补性，就是物化于资本中的知识和技术工人的知识的互补。知识的互补给互动双方带来了额外的收益，汪丁丁（1997）从经济学的角度解释了知识互补性的含义，即知识 A 和知识 B 单独运用于经济活动时，各自获得的收益之和必定小于它们联合运用于经济活动时的收益。

以手机界的一个现象为例，比较成功的全球移动通信系统（global system for mobile communications，GSM）手机制造商是摩托罗拉和三星，但GSM的核心技术却不由这两家公司掌握，尽管诺基亚、西门子和飞利浦掌握着GSM的核心技术，但是摩托罗拉和三星依然可以使用该项技术，把自己变成成功的手机制造商，这充分说明企业的成功要充分利用外部的互补性知识资源。跨国公司与本土企业互动的动机之一就是彼此之间的知识存在互补性，例如，跨国公司通过本土企业可以获取当地化的市场知识，本土企业可以获取跨国公司先进的技术知识和管理诀窍。其中，Rothaermel和Ku（2008）就提出集群企业在寻找合作伙伴时会遵循一定的原则，即合作伙伴的知识与本企业的知识具有一定的互补性。知识资源是企业创造价值的主要来源，特别是在知识经济时代，科技更新速度及市场环境变化越来越快，知识资源短缺成为制约企业发展的关键因素。为了获取竞争优势，越来越多的企业选择合作以促进知识的共享。技术、知识的互补产生了合作生产力，这样合作各方就可以获得比自身拥有要素基础上单独从事生产更多的收益，形成协同效应。罗炜和唐元虎（2001）研究后指出，企业参与合作创新有技术共享和成本共享两种动机，知识互补程度影响合作创新的动机和形式。

学习能力是创新互动中获得收益的来源，只有通过学习获得了所需的知识才能将之应用于市场并创造利润，具备了学习能力之后，还要考虑知识资源的数量和质量。假设创新互动一方提供的知识与另一方是完全同质的，此时获取的知识对于产品的改进和创新没有很大的作用，即使互动获得的共有收益也会较少；若互动双方提供的知识互补性很强，就可以利用新知识研发新产品或开拓新的市场渠道，在双方都完成学习后，获得的共有收益会较多。知识互补程度会对共有收益产生直接的影响，进而影响创新互动过程的实现。

学习能力、市场范围重叠程度、知识互补程度对跨国公司与本土企业的创新互动产生了综合的影响，见图2.3。

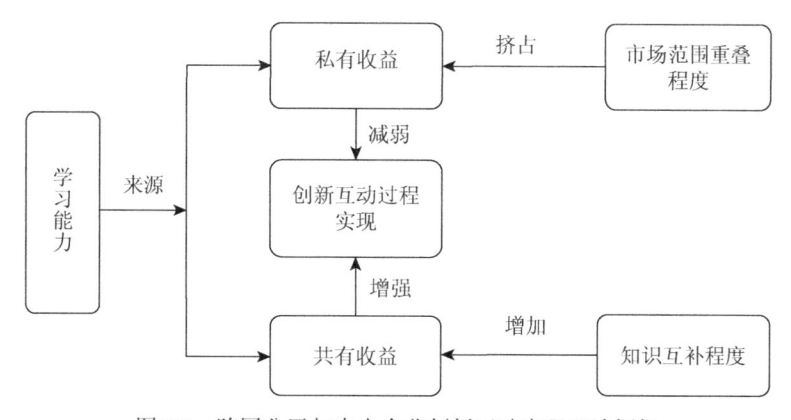

图2.3 跨国公司与本土企业创新互动实现理论框架

跨国公司与本土企业的创新互动实质是知识在两主体之间的流动，知识有效的流动需要对知识进行系统的学习，学习能力作为双方知识资源投入的重要因素，是决定私有收益和共有收益的来源。私有收益是首先完成学习的一方单独应用知识获得的收益，共有收益是互动双方都完成学习后获得的属于双方的收益，它们受到市场范围重叠程度和知识互动程度的影响。跨国公司与本土企业市场范围的重叠程度会对私有收益产生挤占效应，直接减弱了创新互动过程的实现，而两者之间知识的互补带来了共有收益的增加，又增强了创新互动过程的实现。本书就是在这种思想的引导下，考察市场范围重叠程度和知识互补程度两个条件的变化对跨国公司与本土企业创新互动过程的影响。在这种理论分析的基础上，本书通过博弈模型的推理，具体分析市场范围重叠程度和知识互补程度对创新互动过程实现的影响。

第3章 跨国公司与本土企业竞争型创新互动过程与机制

知识就是力量，这个观点在当今复杂的经济环境下，已经得到学者的一致认可，决定企业胜负的已经不再是资金和劳动，而是知识。知识以及相应的技术技能是现代企业创新追求的重点。

创新是企业生存和发展的原动力，但本质上是知识再创造的动态过程。在现有的经济全球化的环境下，跨国公司不断地融入本土市场，开疆辟土，抢占市场。这一方面的确能够带动本土企业的发展，激起它们的战斗力、竞争力；另一方面让我们看到了自身的一些不足，所以我们应该在这样一个环境下，不断吸取教训，吸收精华，振兴本土企业。本书从现有的经济形势出发，以跨国公司与本土企业为研究主体，以知识流动的视角探讨竞争型创新互动的过程。一方面能够完善创新互动研究范畴，另一方面能够通过研究提出相应的改进措施，改变这个固有的认知观。

3.1 竞争型创新互动的内涵

竞争互动的理论来源于动态竞争理论。动态竞争理论认为，企业战略是由一连串的行动构成的。Mintzberg（1978）提出，战略是由一串已经实现的行动构成的，这些行动包括并购、进入新市场、合作联盟、价格变化、研发新产品等。利用行动视角来探讨企业战略的优点在于：行动可以量化，竞争行动的质量、数量均是分析企业在竞争中获取胜利的工具。因此企业要使战略能够发挥效用，就必须在其竞争行动中有效地表现出来。因此竞争互动成为研究动态竞争的首要问题。在学术研究上，对竞争互动的研究主要体现在：主体数量由两个企业扩展到产业集群里的多个企业；竞争动态行为也从单次竞争互动到多次竞争互动。

竞争互动的主体，本书称为先动者与后动者。先动者是指在竞争互动中最先发动进攻行为的企业，可能具有"先发制人"的优势。而后动者则是指在先动者发动进攻后采取反击行为的企业，在实际案例中未必会比先动者缺少竞争优势。在本书的研究中，跨国公司因为本身的技术优越性，无论是人力、财力、物力相较本土企业都占据着优势。在现实的竞争互动中，跨国公司进入本土市场，必然会对本土企业造成威胁，出现竞争互动，而在这个过程中，跨国公司一般是竞争互动中的先动者，而本土企业是竞争互动中的后动者。

在现实的经济活动中，对于企业来说，竞争型创新互动过程的经济意义实质是一个知识间的交易活动。交易的实质是主体双方的知识互易或者知识与其他资源之间的互换，这一过程可能没有货币资金参与其中，但是这种交换也类似于市场中的交易活动。因此，竞争型创新互动过程中，知识发送方和知识接收方便成为相对的概念，因为知识转化过程并不是一个单次单向的活动，在上一次转化中知识发送方在下一次转化中就可能变为知识接收方，若互动双向同时进行，创新互动中的企业要同时承担知识发送方和知识接收方的角色。在竞争互动的理论中，主体间交易活动实质也是一个博弈行为，并将主体设定了先后顺序：先动者、后动者。在同一市场中，先发动进攻的企业称为先动者，采取反击行为的企业称为后动者，也是知识接收方。

基于竞争互动与知识流动的理论研究，认为竞争型创新互动过程就是竞争双方的对抗行为。而竞争对抗分为竞争性行为与竞争性响应两个过程。竞争性行为是先动者为了增加竞争地位或者防御所采取的一系列竞争性行为；竞争性响应是后动者察觉到先动者的竞争性行为，而采取的防御或者为增加企业竞争地位采取的一系列明晰的响应行动。熊彼特（1997）特别指出竞争性行为与竞争性响应之间的关系，他将市场视为一个竞争者透过各种创新行动来进行竞争实验的竞技场。在这些创新行动中成功的企业可以获得商机，并能从其他竞争者所无法迅速模仿的独占地位中获利。然而，任何可以产生超越正常利润的行为，通常都会快速地吸引并促进其他竞争者在某个时点采取竞争性响应。所以，一旦企业采取某种竞争性行为，它就必须有随时面对竞争性响应的准备。策略管理的研究认为，企业在市场中所采取的竞争性行为与竞争性响应，对于组织绩效有决定性的影响。图3.1勾画了竞争性行为与竞争性响应之间的单次赛局决策树，当企业A策动竞争性行为时，竞争者R可以有两种选择，即响应或者不响应。

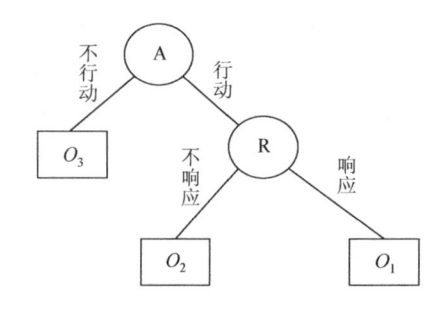

图 3.1　竞争型创新互动单次决策树

但在现实的竞争型创新互动中,企业的竞争互动行为已经不再只有一轮博弈,为了企业的利益,它们会不断地进行技术创新,改进企业的核心竞争力,采取多回合的较量,是从单次博弈到无限次博弈的一个演化。本书研究的跨国公司与本土企业由于是行业的领头者,互不让步,不断地创新,不会因为先动者一次的行动而受到威胁选择不响应,所以在本书的研究中,竞争型创新互动过程是一个多次博弈的过程。

3.2 竞争型创新互动的实现过程

竞争型创新互动并非一个静态的过程,它是主体间不断地学习、吸收、创新的一个复杂的知识流动过程。分析几个典型知识流动的过程模型理论发现,这些模型根据不同的角度,提出了不同侧重点的知识流动过程模型,极大地丰富了知识流动过程的理论研究。但是这些研究均只对竞争型创新互动的主体内部的知识互动进行了很好的探讨,对于主体间互动的过程并未很好地描述。

为了能够深入研究竞争型创新互动的具体过程,本书借鉴系统动力学中采用基本单元模块化的分析方法,来弥合跨国公司与本土企业间关系,通过细分过程中的每一步来探讨具体的实现过程。以竞争互动理论为基础,支撑竞争型创新互动的实现。在竞争型创新互动中,知识流动的过程主要涉及两个主体:知识发送方和知识接收方。知识发送方就是指一个企业所含有的知识具有一定的流动性,是知识流动过程中的先动者,具有源头的作用。而知识接收方是指在竞争行为的过程中,通过采取行动对知识发送方所体现的知识进行吸收接受,最终运用的这样一个企业。知识发送方从企业出发,通过主体间的相互作用,最终到达知识接收方,被吸收利用,形成新的知识。因此,这一过程经过模块化的处理,可以划分为知识流动的知识发送方、知识流动的知识接收方、知识流动的知识互动三个模块。在划分模块、简化理解之后,基于国内外学者的经典知识流动过程的模型结构,本书提出了以跨国公司与本土企业为主体的竞争型创新互动过程的模型结构,见图3.2。

在本书提出的这个框架中,知识发送方与知识接收方两模块的角色,伴随彼此知识存量的增加,以及竞争型创新互动的关系,是可以互换的。知识流动过程则是基于Gilbert和Cordey-Hayes的知识流动五阶段模型与Albino等的知识流动两维度模型提出的。先动者称为知识发送方,具有很高的行业敏锐度,能够抓住行业热点,自主研发新的产物投入市场。在这个过程中,根据SECI[①]模型与两维度模型,将知识研发创新的过程分为知识的获取、知识沟通、知识应用、知识接

---

① SECI 为社会化(socialization)、外在化(externalization)、组合化(combination)、内隐化(internalization)的英文简称。

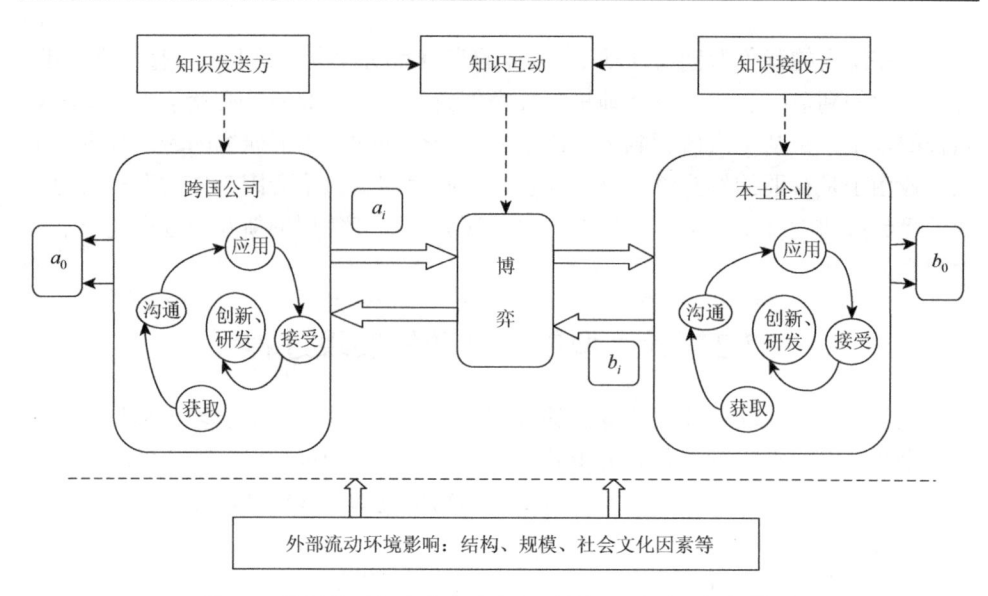

图 3.2　跨国公司与本土企业竞争型创新互动过程框架模型

受、知识的自主创新五个阶段。知识发送方刚开始抓住行业沸点，在已有的知识上进行沟通，与人才使用达成一致，然后将新知识与旧知识融合，取其精华，加以应用。新产生的知识被企业众人接受、吸收。然后企业内人才将其内化，研发创新出新产品，对市场具有强烈的冲击性。后动者在竞争型创新互动中称为知识接收方，处在竞争对手的位置，时刻关注对手的行动。一旦竞争对手产生新知识抢占市场份额，知识接收方就面临着博弈决策决定：跟随或者不跟随。知识接收方决策跟随的同时，他们会获取市场竞争对手的新知识，与自身知识进行沟通，然后将有价值的新知识与原有知识进行整合吸收，内部消化，最终创新出具有竞争力的新知识。在这个无限次竞争博弈的过程中，知识发送方与知识接收方内部的知识流动过程，是一个往复循环的过程，而且基本相似，很少出现突变。

企业间竞争型创新互动过程的现象比较容易观察到。国外一些学者，通过对实际现象的研究，对企业间竞争型创新互动有一定的研究。MacMillan 等（1985）对一家银行创新的响应进行小样本研究，他们应用政策和组织理论开发了一个模型，用以估计竞争对手以模仿的方式做出反击的次数。Bettis 和 Weeks（1987）针对宝丽来（Polaroid）与柯达（Kodak）之间的竞争互动进行个案研究。他们使用股东回报率，研究了竞争对手之间复杂的、包含一系列竞争行为的公司间战略互动的影响，并以即时摄影行业作为一个研究案例，结果表明股东回报和市场风险的变化既与企业的整体战略相关，也和企业的具体竞争行为有关，Bettis 和 Weeks 建立了现代金融理论中资产定价模型与竞争策略理论之间的桥梁。实证案例研究表明，企业间竞争型创新互动过程的体现可以由技术创新、研发竞赛、新产品的产出等方式直观显示出来。

国外学者的研究充分说明了新产品的产出作为研究竞争型创新互动的过程是再恰当不过的。产品是知识的载体，它体现了企业技术创新的结果，产品在竞争市场上的流动，正是竞争型创新互动过程中知识流动的结果体现。因此在本书中，将以企业的竞争产品为描述对象，以此来描述竞争型创新互动过程的实现过程。结合 3.1 节竞争型创新互动行为的博弈本质，跨国公司 A 与本土企业 B 竞争型创新互动的过程可以通过如图 3.3 所示的网络结构图来体现。

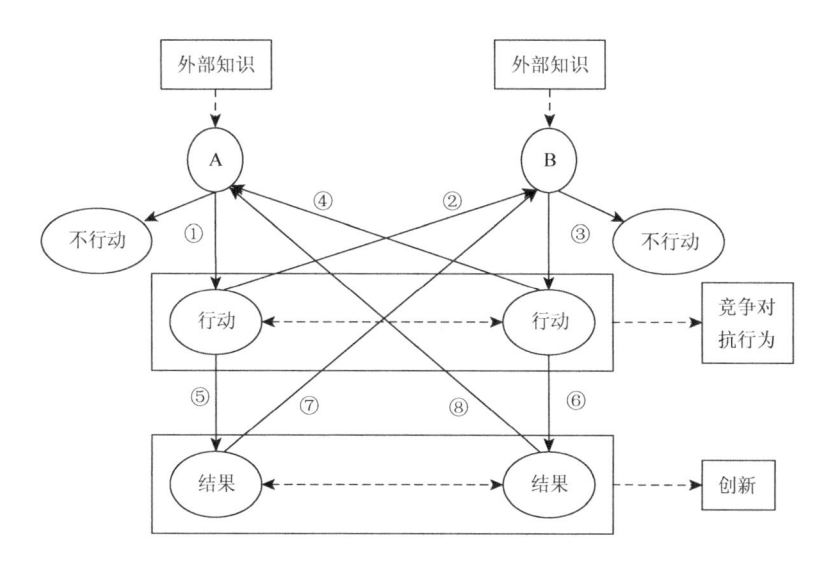

图 3.3 跨国公司 A 与本土企业 B 竞争型创新互动实现过程网络图

在这个网络结构图中，我们主要通过竞争型创新互动的过程而产生了相应的结果，也就是创新的结果，同时图中的箭头表示的是其中存在的知识流动路线，整个图形对本书中企业间的竞争型创新互动过程做出了详细的描述。

①②③④的组合是一个竞争对抗过程。它是描述跨国公司 A 与本土企业 B 竞争型创新互动过程的竞争对抗过程。一般情况下，跨国公司因为其技术发达、领先，所具有的外部知识相较于本土企业 B 所具有的外部知识大，所以处在知识流动的先动者地位。在本书的分析中，认为跨国公司是知识发送方，跨国公司首先进行竞争性行为①，研发创新出新产品。过程②对于同一市场下的竞争对手本土企业 B（知识接收方）来说，面临跨国公司 A 的行动，要想稳住市场，必须做出博弈决策，跟随或者不跟随。为了自身利益的增加，本土企业也会采取竞争性响应行为③。这个响应行为必然会再引起跨国公司 A 做出相应的响应决策④。这个

过程的循环往复，形成多次博弈竞争型创新互动过程。此过程是通过响应竞争对手的行为所产生的竞争型创新互动过程。

①⑤、②⑥的组合是主体内部的知识流动过程，是体现竞争型创新互动过程中两主体内部的知识流动过程。当知识发送方或知识接收方接收新的知识，或者是相较于自身有可以提升的新方法等时，发挥内部消化功能，实现从知识获取、知识吸收、知识应用到知识接受最终到知识创新的知识流动的过程，这也正对图 3.2 中跨国公司和本土企业内部知识流动环形过程做出了更直观的解释。

⑦、⑧是结果对竞争主体的影响，即在本书的研究中认为新产品的创新对主体的影响。结果的出现，既表明一个竞争回合的结束，也表明知识流动过程中新知识的产生。跨国公司 A 与本土企业 B 之间之所以会产生竞争型创新互动的现象，新产品的出现是必然的条件，它宣告着谁占领这个市场的领导者地位。

①⑤⑦③⑥⑧的组合是竞争主体间的知识流动过程。正因为⑦、⑧结果的影响才形成了如此往复的知识流动过程。跨国公司 A 的行动产生了创新结果，将知识携带于创新结果中，然后流通进入市场。本土企业 B 会因为竞争对手的响应行为及所呈现的响应产品，而做出相应的响应行为，进而通过自身对知识的吸收消化加以整合应用，生产出具有竞争性的创新产品。然后跨国公司又重复前一轮的行动，以此形成了一个往复的知识流动过程。

综上，跨国公司与本土企业竞争型创新互动过程是一个多次博弈的过程，由①②③④的组合体现；同时在竞争互动博弈的过程中，也是一个知识流动的过程，由①⑤⑦③⑥⑧的组合体现。

3.3　知识势差对竞争型创新互动过程的影响

竞争型创新互动的本质是知识的流动，而驱动知识流动的是知识势差，因此，本书认为知识势差是竞争型创新互动过程的最主要驱动因素。

3.3.1　知识势差的内涵

知识势差理论源自于物理学理论。在物理学中，认为势差是引起所有物质或者非物质传播与扩散的原因，而且始终遵循着由高到低的传播规律。在知识流动中，主体拥有的知识深度、广度不同，也就是不同主体在同一时间、同一知识范畴里，所具有的知识位势却是不同的，因而产生了知识势差。因此，本书认为，知识势差是体现不同主体间能够支配知识能力的差异。

关于知识势差国内外诸多学者已进行过描述。例如，Willcocks 等（2004）

从信息技术业和企业业务流程中存在外包趋势的角度，讨论了在该行业进行外包时，组织知识势差的变化情况；而 Zhang 等（2008）则从激励机制构成角度探讨了企业间知识转移及知识共享的过程及其所遇见的障碍，研究构建了知识转移和知识共享的博弈模型；李顺才和邹珊刚（2003）利用流体力学的研究思路，将知识区位、动机水平及环境等方面结合起来提出了一个描述知识流动动力机制的基本框架；与此同时魏江（2003）在研究产业集群技术能力时，明确提出了"技术能力势差"，用来定义集群中企业所拥有的技术能力分布不均衡现象，同时指出集群中企业获取、学习外部新知识的能力主要由技术高位势企业承担；王日芬等（2007）更是从知识分布的角度出发，研究认为组织中的知识都是非均衡分布的，体现在两方面：地域上的非均衡性以及专业化上的非均衡性，这便造成了不同主体之间存在知识"势能"的落差，从而促使知识的流动与转换，这也是知识流动形成的基本前提；杜静和魏江（2004）进一步将这一理念应用在企业实践之中，提出了"知识位势"的概念，即不同的知识主体所拥有的知识的量和质都是不同的，知识主体之间必然存在着位势差。以上便是对知识势差的不同研究理论。

现实的竞争型创新互动过程中，知识势差存在于竞争主体的不同知识领域，可能 A 企业在某一个知识领域具备知识优势，而 B 企业在此领域处于知识劣势；相反 B 企业在另一个知识领域具备知识优势，而 A 企业在此领域相对 B 企业处于知识劣势，那么 A 企业和 B 企业之间的这种资源差距，就会使它们产生相互竞争的意愿，借此达到知识资源优势互补的目的，知识流动就此形成。对竞争型创新互动的企业来说，动机就是获取对方的知识和能力，并用学到的新知识来增强自己的核心竞争能力。

对于知识势差的度量研究，从本质来看，知识的特性决定着知识的度量方法。企业所需的知识及知识管理中的流动知识，除具有知识的共性外，其特殊性在于：一是知识的创新性，表现在新设计、新观点、新思路、新发明、新战略战术等方面。二是知识的资产性，表现为知识作为"软"性的资产，一旦与"硬"性的资产结合，便能为社会和企业创造更多更具竞争性的财富，这种产品的增值直接体现在为社会和企业创造更多的利润。三是知识的垄断性，表现为发明专利及专营的知识产权，并受到法律保护。四是知识的渗透性，表现在知识综合应用在宏观和微观世界，如企业文化等。在现有的文献中，多数以知识的垄断性中所体现出来的专利数据作为知识度量的方法。这主要是因为专利在一定程度上体现了最先进的生产技术水平，并且专利技术作为知识型资产，是现代企业间知识流动方式中较为活跃的一种。专利技术本身体现了某领域的技术发展前沿，是技术成果的表现形式，其特征反映了企业技术创新的活动与布局。专利信息是高技术企业最重要的技术资源，也是知识经济社会中企业的重要资产。跨国公司非常重视专利信息的利用与发明，更能说明问题的是专利信息覆盖了世界 90%以上的研究成果，而其中 80%的技术成果没有包含在学术论文和公开出版物中。这也说明专利信息能够成为反映产业趋势和服务发展方向的非常有用的工具。因此，在本书的研究中，专利数据量将作为衡量知识存量的量化指标，由此竞争型主体间知识势差的含量则可由两者所具有的专利数据量的差值来度量。

3.3.2 知识势差对竞争型创新互动过程中响应速度的影响

从来源上来说，动力因素可以分为内在动力因素和外在动力因素两种类型。内在动力因素主要通过本身的特性影响创新互动的发生；外在动力因素则通过外界的力量影响创新互动的发生。Osterloh 和 Frey（2000）认为，组织成员的内在动力因素才是影响其进行知识流动与分享的关键因素，而外在动力因素对于组织成员的知识分享行为无法产生预期影响，甚至会造成负面的影响。他们提醒组织管理者，内在动力因素并非外在动力因素的外部添加物，它是企业取胜的本质。在知识经济时代，企业的核心竞争力已然变成了知识的竞争，阐释着企业的内在本质。知识的特性必将成为最重要的动力因素。

据前面的文献，企业知识存量影响企业的生存，而企业间的知识势差必然成为影响彼此发展的又一个重要因素。企业间的交流即知识的流动，王月平（2010）认为企业间发生知识的转移是由于企业间存在知识势差，也就是指集群行业间企业只要存在知识位势的不一，就会发生知识的流动。韩明华（2011）认为知识势差引发了知识低位势的企业对高位势的企业的挤压效应，同时由此产生知识高位势企业对处于知识低位势企业的拉动效应，从而促使企业间不断形成新一轮的知识势差，由此形成弥补的一个动态循环，并最终实现企业知识的螺旋式增长。

知识主体间因为知识区位存在着高低位势，从而形成了由高位势知识主体向低位势知识主体施加的一种自然压力，而这种压力便推动了低位势知识主体向高位势知识主体的接近，同时便导致了知识转移与流动。在探讨竞争型创新互动过程中，企业为知识分布不同的知识主体，即各主体间知识结构、知识质量与知识存量存在差别。一般情况下，跨国公司与本土企业之间也存在着明显的知识势差。高势差主要表现在跨国公司拥有高科技人才队伍、信息、科研条件等，同时拥有知识获取、更新、创造的强大能力。知识存量丰富性必将对企业技术创新起到至关重要的作用。而本土企业的创新能力和企业拥有的人力资源等知识资源相对于跨国公司较弱，因此本土企业在两者的竞争型创新互动中一般处于低势地位。正是因为竞争型创新互动过程中跨国公司与本土企业存在着互补性知识资源，知识从高势差的跨国公司到本土企业转移，形成了竞争型创新互动过程中知识流动的原动力。

知识势差的概念被普遍用于解释知识流动的原因和机制。本书赞同此观点，并认为知识势差是知识流动过程发生的成因。而根据前面的总结认为，竞争型创新互动过程的实质是知识流动的过程，因此，知识势差是推动竞争型创新互动过程发生的主要因素。正是因为存在着知识势差的两个竞争主体，竞争互动的关系才会发生。

波特（2003）认为企业间为了争取竞争中的胜利，就必须要了解对手，对对手的策略作出反应。而反应速度将是决定胜利与否的关键（Chen，1996；Chen and MacMillan，1992）。研究人员已经证明，慢响应的对手经常遇到市场份额的损失，或错过赢利机会（Ferrier，2001）。从理论上讲，检查响应快慢是很重要的，因为它对于公司的业绩和竞争优势存在重要意义。Ferrier（2001）首次提出响应速度一词，他认为是对手发起行动后该公司的响应时间。在现实过程中我们无法确定任何给定的行动，但是我们能观察到一个鲜明的"反应"与较早行动之间的时间间隔。

在Ferrier（2001）理论的带领下，作者认为本书的研究需要一种以跨国公司与本土企业为主体的竞争流程的方法。在这种方法中，响应被定义为主体针对其竞争对手的动作的反应。该响应可能发生在发起行动的任何一方。因此，响应速度源于对手发起行动，主体观察到的响应时间。在我们的概念里，将A公司针对竞争对手B公司采取的行动作为起点去构建B公司的响应模型，其中，B公司的响应既可以看作应对A公司行动的响应，又可以看作一系列针对A公司的回应动作的开始。因此，每一个动作是一个响应（结束一组响应的机会）和一个初始化动作（开始一组响应的机会）。结合Ferrier（2001）的概念，本书给定的响应速度的概念，强调准确确定行动的时机和目标，但我们并不强烈断言一个给定的操作是直接的"响应"对手较早的行动，但它确实遵循操作顺序。本书认为，研究竞争型创新互动中的竞争者的响应速度有效地抓住了竞争型创新互动的精神。

本书认为跨国公司A与本土企业B进行竞争型创新互动的最主要的驱动因素是知识势差。通过上述理论的理解，企业利益与市场份额是互动的结果，而互动过程中直观体现的是主体间对行动作出的响应，即响应速度。本书据此提出理论思想，认为知识势差的变化引发了竞争型创新互动的行为，且在这个过程中体现了竞争者选择跟随策略的响应速度。

在描述企业间的竞争博弈时，首先需要确定博弈的要素。通常情况下，一个标准形式的博弈主要包括博弈者、每个博弈者的战略空间及相应的收益三个要素。

在本书中博弈要素如下。

（1）参与人：占据市场最大位置的两个企业，跨国公司 A 与本土企业 B。

（2）行动：博弈者所有的可行战略，跟随与不跟随。即为了自身的经济利益和既定的目标而采取的行动。企业的行动可以表示为 X_i={跟随，不跟随}，i=1，2。

（3）响应速度：A、B 企业响应速度用函数 $v = f(\Delta x)$ 来表示。v 表示竞争型创新互动过程中企业的响应速度函数值；Δx 表示跨国公司 A 与本土企业 B 间存在的知识势差。

假设在市场内有且仅有两家企业，企业 A 和企业 B，并且企业都是理性的，即都是为了追求自身利润的最大化，并且都准确了解市场的需求曲线。在已知对方产量的情况下，每个企业的战略就是选择能给自己带来最大利润的产量，即每个企业都消极地以自己的产量去适应对方已经确定的产量。因为同一个行业内企业间地理位置接近，信息传递迅速，所以假设两个企业具有完全信息，两个企业的收益为各自的利润，响应速度用函数 $v = f(\Delta x)$ 来描述。企业 A 与 B 进行竞争型创新互动之前所具有的知识存量分别为：X_a，X_b ($X_i > 0 (i = a, b)$)。用 $\Delta x = |X_a - X_b|(\Delta x \geqslant 0)$ 代数式来表示企业 A、B 的知识势差。

当两个企业只进行一次竞争博弈时，企业的知识存量在竞争的过程中有变化，可能增加也可能减少，所以 X_a 变为 X_a'，X_b 变为 X_b'。知识存量的变化，根据企业自身的吸收能力是无法直接度量的，但是在竞争的过程中，两个企业由于投入过多的知识，目的就是减少两者之间的差距，达到相互平等的位置，在这个过程中知识势差必然是在减小的：$\Delta x|X_a - X_b| > \Delta x' = |X_a' - X_b'|(\Delta x \geqslant 0)$。但是内在部分知识势差的变化是无法用肉眼直观观察到的，而任何企业竞争策略的选择都是为了获取利润，企业利益是它的原动力，所以企业为了获取更多的收益会对对手的决策行为作出响应。因此在本书中，创新互动过程中，Δx 的变化用能够体现收益的响应速度 v 来直观体现。因此我们认为，在 Δx 不断增大的过程中，响应速度 v 是一个单调递减的函数。

根据上面的分析我们作出以下函数图（图 3.4），来体现跨国公司与本土企业创新互动的外在过程的具体实现路径。

如图 3.4 所示，我们可以将竞争型创新互动动态过程通过函数直观体现出来。

（1）当 Δx 比较大时，说明跨国公司与本土企业之间的知识存量相差比较大，也就进一步说明，一方的知识存量要远远超过另一方的知识存量，此时本土企业的知识存量还不足以与跨国公司抗衡，并未对跨国公司的市场地位产生大的威胁。跨国公司也因此而"懒惰"，以自身优越感而慢慢地创新进步。所以，当跨国公司创新出一种新知识时，本土企业也要很久才能作出响应，响应时间长，响应速度也较慢。

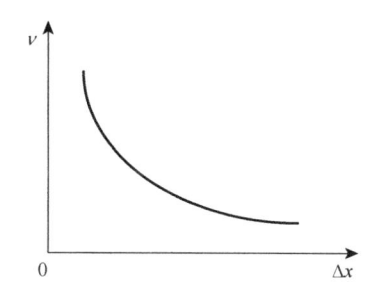

图 3.4　跨国公司与本土企业竞争型创新互动过程中知识势差与响应速度的函数

（2）当 Δx 逐渐减小时，能够看出竞争型创新互动动态过程的响应速度 v 逐渐增大。这说明跨国公司与本土企业之间的知识存量差距在逐渐缩小，也说明本土企业的知识增长速度大于跨国公司的知识增长速度。在这个过程中，本土企业已经在发展的过程中通过自身的不断努力创新，知识存量不断上升。此时跨国公司在本土市场抢占市场份额，受到本土企业的重视，本土企业对跨国公司作出的决策行为，有了迅速的响应。响应时间相比之前明显缩短，响应速度也随着响应时间的缩短而不断加快。而两者的竞争型创新互动的激烈程度也相比前一过程明显提升。

当 Δx 趋近于 0 时，说明跨国公司与本土企业的知识存量逐渐一致，达到了一个平衡的局面，即知识势差趋近于 0。此时，两个企业也逐渐在此行业中占据着数一数二的领先者的位置。为了彼此的市场份额及企业收益，会更加积极地响应对方的决策行为。从而响应时间越来越短，响应速度越来越快。这时企业为了生存，就会采取新一轮的行动决策。本书将其称为"再次决策"。"再次决策"对于两个竞争型创新互动的企业来说是相当重要的，企业的创新策略关系到企业未来的发展。当面临"再次决策"的局面时，企业就要开始决定是否要反超，或是采取新的创新、发明新的产品来重新占领市场的首要位置，从而形成行业壁垒，拉开知识势差的差距。本书认为，当 $\Delta x \to 0$ 时，关系到企业的存亡问题，应该严肃对待。

3.4　基于华为与思科的竞争型创新互动案例分析

本书选择通信行业中在核心路由器行业的领导者华为技术有限公司（以下简称华为）与思科系统公司（Cisco Systems Inc.）（以下简称思科）（表 3.1）作为研究对象。本书选择这两个企业并不是随机的，主要考虑的因素是理论构建，而不是数据统计分析。其一，本书的意图在于描述跨国公司与本土企业竞争型创新互动的具体实现过程。华为是本土企业的领导者，思科是跨国公司的领导者，两者在核心路由器行业存在着竞争事实。其二,两者在行业内的发展速度在市场中占据首位,认为研究它们的竞争型创新互动过程与行业内的其他企业的发展有很大的关联。很多案例研究者都赞同这种基于理论因素而非基于统计因素做出的正当选择。

表 3.1 华为与思科公司概况

	思科	华为
定位	全球领先的网络解决方案供应商	全球领先的通信与信息解决方案供应商
成立时间	1984 年	1987 年
全球化	165 个国家	140 多个国家
员工数	66 639 人	146 000 人
上市时间	1990 年	未上市
产品业务	路由器、交换机、安全与服务等	运营商网络、企业业务、路由器等

选择好合适的研究对象之后,本书组建了一个 4 人研究团队,于 2013 年 7~9 月,搜集整理了华为与思科的较为齐全的资料。

在研究开始的前 4 个月,我们就已经开始从各种渠道收集一、二手资料。收集的资料主要包括企业年报、产业发展报告、行业新闻等资料。另外,也收集了近年来国内外学者发表的文章及著作。其间我们也访谈过两公司的员工,对两企业的资料进行了更新。把二手资料与一些访谈记录、著作等数据汇总起来,使得通过数据相互印证来证实数据的真实性成为可能。利用谷歌专利查询数据库,着重搜集了能够说明知识势差的路由器专利申请数据,以及年收入、市场份额等比例数据,并将其作为本书最重要的基础分析材料。

3.4.1 华为与思科简介

华为 1987 年成立于中国深圳,是生产销售电信设备及提供电信网络解决方案的民营科技公司。1984 年 12 月,思科在美国成立,创始人是斯坦福大学的一对教师夫妇,通过设计计算机局域网形成一个统一的网络,具有划时代的意义。1996 年,钱伯斯执掌思科帅印,改变了思科的历史地位,使之成为全球网络互联解决方案的领先厂商,其提供的解决方案是世界各地成千上万的大学、企业和政府部门建立互联网的基础,用户遍及电信、金融、服务等行业以及政府部门和教育机构等。同时,思科也是建立网络的中坚力量,目前互联网上近 80%的信息流量经由思科的产品传递。

华为与思科的正面竞争，开始于 1997 年华为首次在国内推出自己的路由器。仅 1997 年一年之内，华为获得了中国新增接入服务器市场的 70%。随后，华为开始延伸到核心路由器、以太网等主流数据产品。2001 年起，借着国内金融行业网络改造的东风，华为实现了扩张战略，遍布全国的各大银行陆续成为华为的客户。

到 2002 年，华为已经成功抢占了中国的路由器、交换机市场，成为思科在中国市场的直接竞争对手之一。同年，华为产品逐步进入美国市场，思科作为美国本土企业当然要重镇把守。虽然思科在全球网络设备市场排名第一的位置未被动摇，但是销售额和市场占有率却出现了有史以来的下滑。

现在，在国内外银行、电信等主流市场上，华为已有一定的竞争优势。但在企业网和数据通信市场上，思科仍占有大量的市场份额。2010 年 5 月，华为与安富利（中国）科技有限公司签署的基础设施产品分销协议，意味着华为从运营商市场的直销向企业网市场的渠道销售扩张，这是与思科的又一次直接竞争。

2012 年 9 月 19 日，华为全球首发了 400Gbit/s 路由线卡实物。迫于压力，思科于 2013 年 6 月后才仓促宣布其 CRS-X 产品将于 2013 年底支持 400Gbit/s 传输能力。而此时，华为的 400Gbit/s 核心路由器已经在全球开始商用部署，为即将到来的大数据时代做好了充分准备。2013 年 10 月 12 日，备受业界关注的中国电信 163 骨干网十五期采集项目中标结果已经出炉，最终由思科和国内厂商华为分食。从招标结果看，国内厂商保持了近两年来路由器市场的上升势头，在新建网络中份额持续上升。而被"棱镜门"事件推到了风口浪尖的美国厂商思科仍然凭借庞大的企业网规模取得较大扩容份额，在新建部分的份额也超过 30%，总体份额接近 60%，总金额超过 6 亿元人民币，成为此次 163 项目的最大赢家。尽管如此，华为还是保持以往的雄心，以"未来属于我们，继续奋斗"如此豪壮的标语继续努力。由此可以预见，在核心路由器领域又将出现两虎相争的激烈局面。

3.4.2 华为与思科在路由器方面的竞争型创新互动案例分析

1. 华为与思科竞争型创新互动的实现过程

在华为与思科的实际案例分析中，思科在路由器方面技术处于领先位置，在竞争型创新互动过程中，它是先动者，而华为扮演的是后动者的角色。而在互动的过程中，两个企业产品之间的竞争能直接地体现这个竞争互动过程。在这个过程中，我们借助产品作为一个能够可视的媒介，能够很直白地描述华为与思科

15 年间的创新互动过程。同时也可以将知识质的变化,通过产品互动体现出由不同到相同的内在互动体现。因此在接下来的论述中,我们将两者竞争型互动过程中产品的竞争用博弈树的图形直观地表述出来,进而也描述了华为与思科竞争型创新互动过程的内在体现。

1) 1997~2007 年 10 年间华为与思科在路由器方面竞争型创新互动的实现过程

1997~2007 年 10 年间的互动过程中,核心路由器出现了很多系列,我们按照纵向思维与横向思维的结合,选取了几款具有典型代表性的核心路由器从带宽角度来描述两者竞争型创新互动过程。

1993 年思科推出了高端路由器 7000,随后推出了 2500 系列、7500 系列。其中 7500 系列被列为网络业 10 年创新中最重要的产品之一。由此奠定了思科在高端路由器界的领导者地位。1997~2003 年,华为一直处在不断的自我摸索阶段,对于路由器的研发也主要集中在中小路由器上。1997 年推出第一款型号为 Quidway R2501 的路由器。在这个过程中,思科作为行业的领头羊,处于竞争型创新互动过程中的先动者,而华为作为国内行业后来居上的竞争者,在竞争型创新互动过程中处于后动者的地位。

在这个过程中,华为刚起步,而思科也正处于发展过程,知识势差不断上升,竞争互动也不断加剧。2001 年思科推出 12400 系列互联网路由器,是业界第一个完全分布式路由架构。此解决方案提供了出色的 10Gbit/s 路由性能、无与伦比的服务质量(quality of service,QoS)功能、全面的高可用性支持,以及集成的核心和边缘特性集。思科 12406 核心路由器是业界第一个支持 10Gbit/s 的 1/4 机架系统。2004 年,华为发布了旗舰核心路由器 NE5000E,达到了 10Gbit/s 的路由器性能。推出之初就在中国电信广东城域网核心得到应用。由此思科在中国市场的竞争受到极大的打击。2003 年中国电信 163 国家骨干网在成都地区的两个节点采用了华为的核心路由器很好地佐证了两者在 2004 年处于竞争最为激烈的阶段。2004 年 7 月,思科总裁钱伯斯在纽约花旗美邦技术会议上宣称,思科在今后 5 年内的主要 12 个竞争对手将有 1/2 来自亚洲,华为将是最重要的对手。

与此同时,华为在 2003 年与美国 3Com 公司合资,借此提升自身在中低端路由器行业的研发及市场开拓能力。但是核心路由器依然是自身发展壮大的产品路线。在竞争策略上,华为联合 3Com 公司,打开北美市场,继续与思科形成激烈的竞争关系。

2003~2005 年,思科专门为电话公司和网络服务提供商设计了一款高端超快路由器 CRS-1。为此思科开发了全新的操作系统,该系统提供了更为稳定的软件支持。这款路由器最大的特点在于超高的数据吞吐量。思科宣称:CRS-1 路由器能够达到 92Tbit/s 的数据吞吐量。也就是说使用该速度下载美国国会图书馆所有印刷收藏品的内容只需要花 4.6s。技术试用项目最重要的一项就是提升 Sprint 网络速度。这种新的传输容量是现有的行业运营标准（10Gbit/s）的 4 倍。它是第一款支持可提供 40Gbit/s 的单一光学接口路由器。目前的设计可允许五个机器连成单一集群。所有这些优越的性能都使思科在开发未来的路由器时具有更强的竞争实力。

自 2003 年之后，华为在核心路由器技术方面自我实践，努力赶超，最终在 2007 年上市了华为 NE 20E/20 核心路由器，这款产品能够满足企业网汇聚和运营商边缘的高可用性的要求，以其高性能、多业务、双主控和热备份优势，进行行业业务运营和支撑网络的建设；具有很强的可伸缩性、可配置性，支持多种接口和业务特性，使多种技术融合起来。采用核心路由器的总线技术，背板带宽目前可达 40Gbit/s，具备很强的可扩充性。实现基于状态的热切换和不间断的路由转发，提供高品质的业务保障。

2007 年，华为与思科的知识存量相似，知识势差趋近于 0，达到整个倒 U 形的最低端。华为此时也作出了战略上的调整，放弃了 3Com 公司的股权，并承诺在 2 年内不自主研发中低端路由器。而思科也将触角伸到其他领域。两者在 2007 年后，研发投入均有减小。

2）2008~2013 年 5 年间华为与思科在路由器方面竞争型创新互动的实现过程

因为核心路由器领域技术含量高，研发投入大，2007 年之后只有华为及少数几个公司坚持下去，2008 年 4 月，华为在 NE5000E 的基础上，研发出 NE5000E 2+8 集群系统，领跑互联网 10Tbit/s 时代；2009 年 9 月，华为业界首家发布端到端 100Gbit/s 解决方案；2010 年技术创新水平与思科推出的 CRS-3、带宽达到 100Gbit/s 的产品竞争持平。紧跟着，2011 年 4 月，发布 200Gbit/s 单板，获得了 InfoVision 2011 年度创新大奖；2012 年 9 月，发布业界首块高密 480Gbit/s 单板和灵活 400Gbit/s 单板；2013 年 4 月，最新发布基于每槽位 400Gbit/s 的 2+8 集群系统，集群系统容量达到了业界最高的 102.4Tbit/s。同期发布 1Tbit/s 路由单板，继续引领业界高性能板卡的研发。2013 年 6 月思科宣布其 CRS-X 产品在 2013 年底将能够支持 400Gbit/s 传输能力时，华为的 400Gbit/s 核心路由器已经在全球范围内开始使用。到现在，华为是核心路由器领域唯一能够支持规模交付使用的供应商。而开发出新款核心路由器可以满足未来超宽带时代的产品需求，使华为在 2013 年继续领先。

华为与思科的案例表明，两者的竞争型创新互动是思科在核心路由器技术领先的情况下，华为先是跟随竞争，厚积薄发，最后变成赶超的互动过程。在此竞争型创新互动过程中，两个公司产品的知识属性也出现了变化，呈现由异质到同质再到异质的过程。通过上述的案例搜集，整理以上产品的互动过程，由此体现产品知识本质变化的内在互动过程，见图3.5。

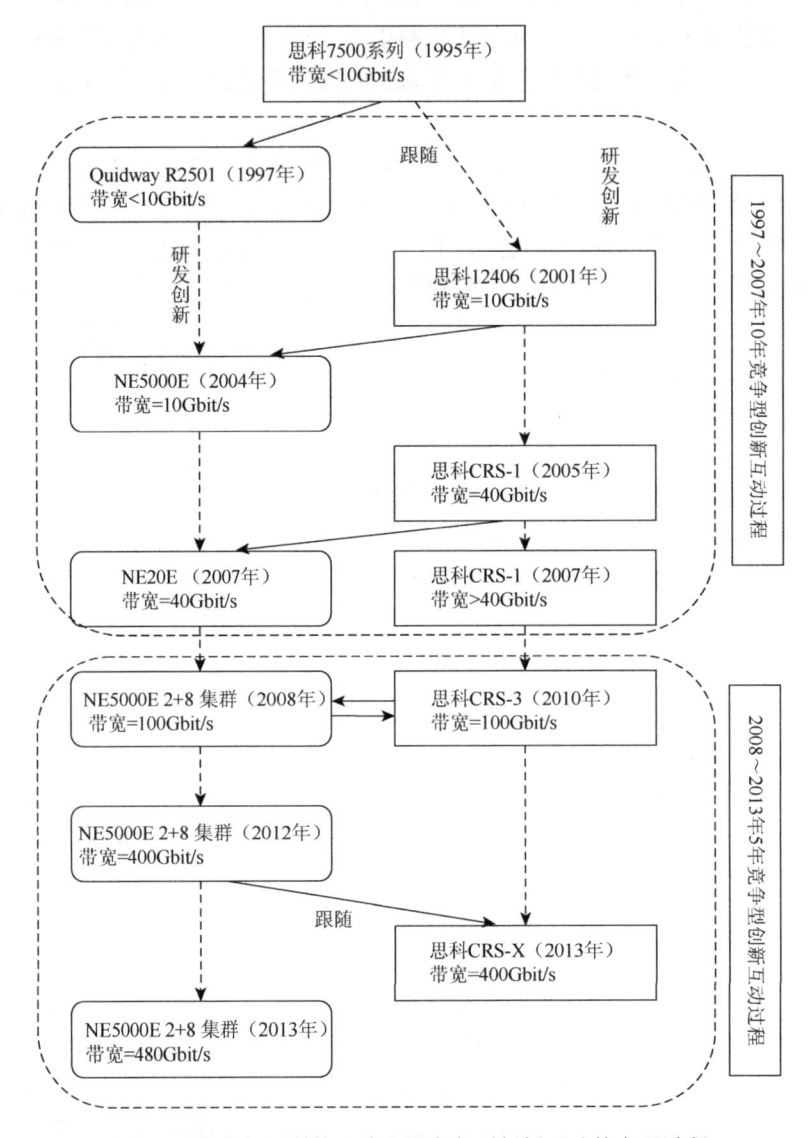

图3.5 华为与思科核心路由器竞争型创新互动的实现过程

2. 华为与思科的知识势差对竞争型创新互动过程的影响分析

3.3.2节理论分析的过程中，我们对知识势差作出了一个明确的界定，并且指出在目前的研究中，利用专利数据来度量知识势差的测量方式居多。本书也将采

第3章 跨国公司与本土企业竞争型创新互动过程与机制

用此方式来探讨华为与思科在路由器方面的竞争型创新互动过程。选择专利数据度量的原因在于：专利文献是企业技术创新的重要成果，它属于知识型资产，是现代企业间知识流动方式最为活跃的一种。且在跨国公司的眼中，专利的利用与获取是非常重要的，专利信息覆盖了世界90%以上的研究成果。这也足够说明专利信息是一种能够了解产业趋势、创新互动现象的非常有用的工具。

现实数据显示，华为与思科的研发创新，每年都会产生大量的新技术，而伴随着新技术产生的物质形态就是大量专利的申请。作者依托谷歌专利申请数据库，对华为与思科在路由器方面1997~2012年专利数据进行分析，来体现两者在路由器方面的知识存量，借此来分析存在的知识势差对竞争型创新互动过程的影响。根据谷歌专利申请数据库的数据，绘出华为与思科路由器专利数据折线图，见图3.6。

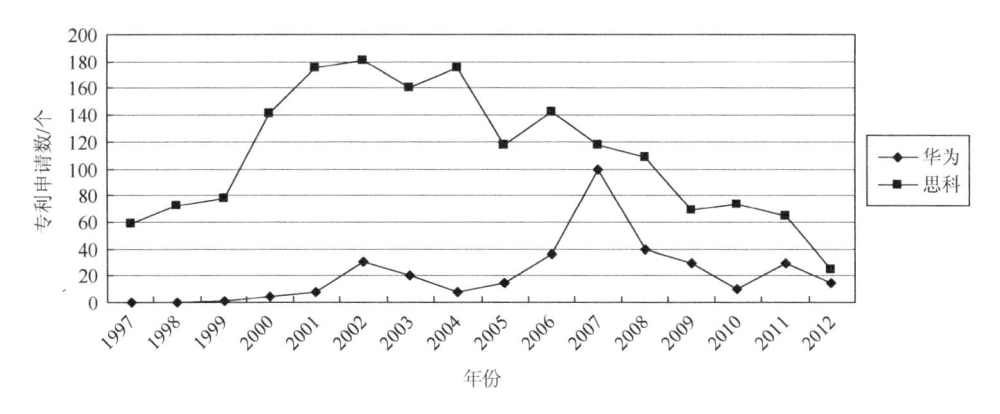

图3.6 华为与思科路由器专利申请数据对比分析折线图

在本书中，我们将两者的专利数据作为两者的知识存量 x_1、x_2，将两者所拥有的专利数据差定义为可以直接反映两者的知识差距 Δx，即 $\Delta x = x_2 - x_1$，见图3.7。

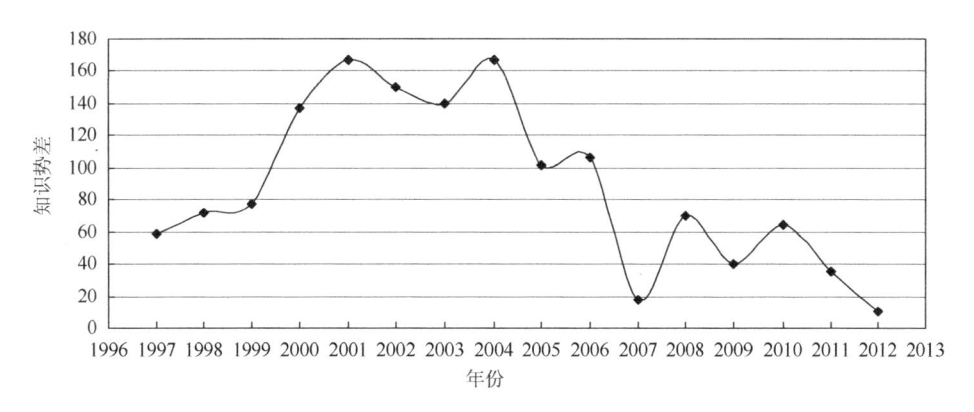

图3.7 华为与思科路由器知识势差折线图

通过对折线图 3.6 的发展趋势分析可知，思科 1997～2004 年总体是一个不断增长的时间段，尽管在 2003 年有稍微下降，但是路由器专利数在 2004 年达到最高峰，随后一直到现在思科路由器专利研发上处于下降的趋势。而华为在路由器的专利研发上在 2007 年达到最高峰，1997～2007 年呈一个总体上升的阶段，2007～2012 年 6 年间出现了研发的下降趋势。两者间的知识势差在图 3.7 中能够直观地体现，1997～2012 年 16 年间，两者知识势差出现两个近似的倒 U 形，以 2007 年为最低临界点。但是根据我国专利申请相关法规，搜集的数据存在着一定的滞后性。在研究的过程中只能将大致的发展趋势表述出来，而精准性的数据留待以后进一步探讨。

据历史事件分析法，同一个主体在同一时间段出现的事件，存在着必然的联系。图 3.6 将华为与思科在路由器行业的竞争型创新互动过程以产品的不断创新清晰地表述出来。在竞争互动过程中，产品在所拥有的本质上不断地通过创新达到同化，最终实现反超异化，这是竞争型创新互动过程在产品上的体现。但是在华为与思科的案例分析中，我们发现彼此推出竞争产品的响应时间越来越短，响应行为也越来越激烈。这些均是肉眼可见的明显的竞争型创新互动过程的外在体现。由此我们将 1995～2013 年 19 年间的竞争型创新互动行为在时间轴上直观地表述出来，以此来反映竞争型创新互动的外在体现，见图 3.8。

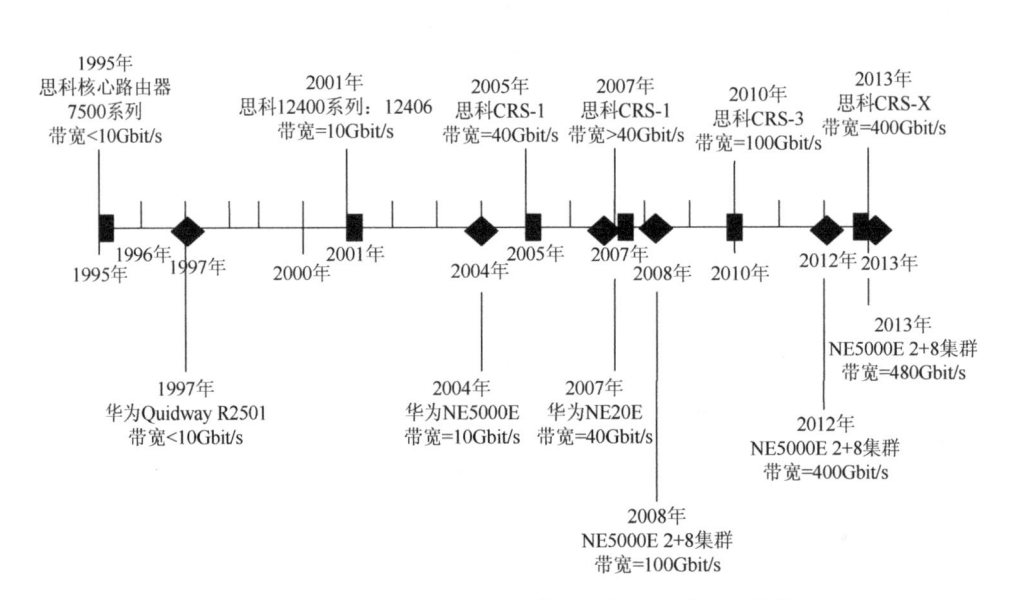

图 3.8 华为与思科核心路由器竞争型创新互动响应速度体现

时间轴指的是 1995～2013 年，方块表示思科在这 19 年间在核心路由器行业的竞争行为，菱形表示华为的竞争行为。通过图 3.8 能够充分地反映出在 2007 年以前，菱形显示得较为稀疏，说明华为与思科在核心路由器方面竞争互动的响应速度不够迅速。而 2007 年之后，两种形状明显集中，几乎每年都存在竞争创新互动的行为，说明华为与思科竞争互动的响应速度相较前 10 年有明显的增大。这也说明华为与思科在核心路由器方面的竞争型创新互动随着时间的不断变化而越来越激烈，也越来越明显。

据 3.3.2 节理论分析，明确知识势差是引发竞争型创新互动的主要驱动因素，知识势差的不断变化，直接影响了华为与思科在核心路由器方面的竞争型创新互动过程的变化。而这个变化通过图 3.6 和图 3.7 的过程图与图 3.8 的时间图可以直观地表现出来。即知识势差与体现互动过程的响应速度 v、响应时间 t 存在着必然的联系。

1997~2001 年，两者的知识势差值呈上升趋势，历史事件表明思科是一个历史悠久的公司，而华为才刚兴起，整个核心路由器行业还处于唯思科独大的局面，且思科也安逸地享受这个过程，存在懒惰思想。整个过程中，华为的响应速度 v 也较慢，直到 1997 年才生产出属于自己的路由器产品。华为与思科的差距达 10 年之久。

2001~2004 年，知识势差的变化较大，尽管在 2002 年和 2003 年出现下降，但在 2004 年又继续上升到整个 16 年段的最大值。在这个过程中，思科与华为竞争型创新互动的响应速度 v 也在不断增大。此时华为在 10Gbit/s 时代竞争中落后 4 年。

2004~2007 年，知识势差的曲线出现了下降，在这个过程中，华为在不断的竞争创新互动中，将差距缩短到 2 年，在 2007 年成功生产出了 40Gbit/s 带宽的核心路由器。在这个阶段，尽管两者的知识势差是在减少的，但是竞争互动的响应速度 v 还是不断加大的。

2007~2012 年，知识势差呈现出一个小倒 U 形的变化趋势。在 2008 年知识势差值达到最大。而此时华为正好实现了竞争型创新互动过程中的追平，响应速度继续增大。2010 年之后，华为以每年都有创新的竞争优势赶超，到 2013 年初成功生产出带宽达 480Gbit/s 的核心路由器，而思科直到 2013 年 9 月才推出 400Gbit/s 的核心路由器产品。彼此之间，竞争互动的响应速度 v 在不断增大。

综上所述，华为与思科在核心路由器竞争型创新互动过程中，知识势差是不断变化的，由于专利申请数据存在一定的滞后性，我们认为知识势差在整个 16 年的竞争型创新互动过程中呈现出不断减小的趋势。而两者在面临对手采取的竞争创新时，所表现的竞争互动响应时间是不断缩短的，响应速度是不断增大的。因此验证了 3.3.2 节的理论分析：知识势差的变化对两者竞争型创新互动过程中的响应速度存在着必然的影响。

3.4.3 华为与思科竞争型创新互动产生的结果与讨论

1. 案例分析的结果验证理论分析

1）竞争型创新互动过程的实现分析

在案例分析的过程中，我们认为思科作为高势差的一方是知识发送方，率先采取行动。而华为作为本土企业的代表，在最初的发展阶段（2007 年以前）处于低势差的一方，是知识接收方。从竞争型创新互动的过程来看，面对思科推出新产品的行为，华为并未直接竞争，而是跟随响应。而在 2007 年之后，随着华为自身技术的提高，知识存量逐渐增大，知识流动的方向在 2010 年出现了逆转，华为成为高势差的一方，采取了竞争行为，而思科暂处于低势差的一方，因而采取了响应行为。

本书的理论分析是一个抽象性的描述，而实际的案例分析则是将抽象的事物转化为具象的事物，让过程更加有说服力，也能更清楚。产品是知识的载体，竞争型创新互动过程中产品的创新变化的本质就是知识流动的过程，而是否选择该产品的创新，则是竞争型互动的博弈问题。因此本书认为案例分析出的华为与思科竞争型创新互动的实现过程是与理论模型相符合的。

2）知识势差对竞争型创新互动过程中响应速度影响分析

知识势差的存在是导致创新互动的最主要的因素，也是创新互动过程之后最能体现效果的一个探讨因素。在本书的理论分析阶段，提出了知识势差与响应速度是一个递减的函数过程。这是我们通过已有的理论分析推理提出的，但是仍然会怀疑该结论是否与现实相符。

华为与思科的案例分析过程中，利用知识的垄断特性，将能够体现知识存量的专利数据作为度量知识势差的工具，在理论上是可行的。然后，通过搜集专利数据，我们作出了曲线图。发现知识势差在 2004 年出现了最高值，2007 年却降到了最低值。按照历史事件分析法，记录不同年份华为与思科在竞争对手作出竞争行为后，另一方作出响应行为的时间，以此分析华为与思科在面临竞争行为时所拥有的响应速度。通过分析，在 2007 年前，竞争型创新互动过程中的响应速度较小，在思科作出竞争行为时，华为往往要反应 5 年左右，这对于一个企业的发展来说是不利的。但是在 2007 年之后，发现响应速度在逐年加快。而在同年的知识势差中，能够很容易得到两者是存在关联的，而且是一个递减的函数关系。

因此，本书认为理论模型恰当地利用函数关系描述了知识势差是如何影响竞争型创新互动过程中的响应速度的。只是在现阶段，还无法对函数的具体关系式用数学公式准确地表述出来，在未来的深入研究中，通过进行多组案例分析，作者认为准确的描述是可行的。

2. 竞争型创新互动是一种实现本土企业赶超的途径

跨国公司在传统的定义里，认为是高于本土企业的，包括本书在分析竞争型创新互动过程的先动者时，也是将跨国公司设定为知识发送方，是互动过程中的先动者。但是华为的具体事例说明了在竞争型创新互动的过程中，本土企业通过自身的努力，能够实现技术赶超，主要体现在收益与产品方面。

1）华为与思科的销售收入实现双赢

任何公司的目的都是在发展的前提之下，获取高回报的利润。收益的实现是竞争型创新互动过程结果的最直观的表现，主要体现在行业内部的市场份额占据量的变化、销量的直观变化、收益的直观变化。

2000 年，思科销售收入高达 122 亿美元，而到 2012 年思科销售收入达 460 亿美元，12 年只是增长了 2.8 倍。2000 年，华为的销售收入不过 4 亿美元，2012 年则达到了 353.6 亿美元。图 3.9 和图 3.10 是根据数据对两者销售收入以及销售收入增长率的对比分析。

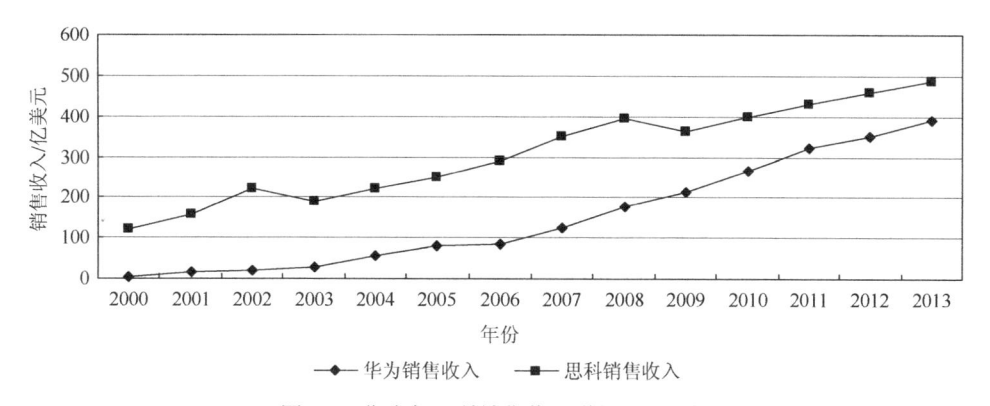

图 3.9　华为与思科销售收入增长对比分析

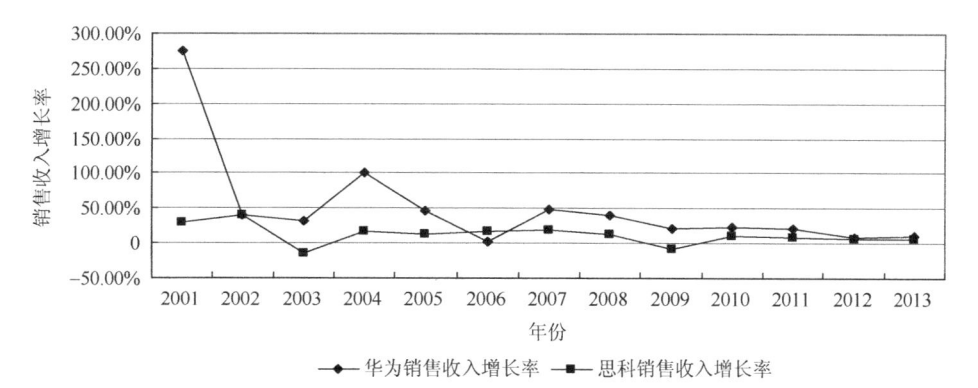

图 3.10　华为与思科销售收入增长率对比分析

从销售收入增长曲线看,2000~2013年,华为、思科走势基本相同。可以说明尽管两者的竞争互动因为知识势差的变化存在两阶段的波动,但是两者在收入上都是呈现出不断上升的趋势和不断聚拢的状态,实现双赢。分析两者的销售收入增长率发现,思科在2002年、2003年、2009年出现了负增长,整体波动较为平稳。但是华为的销售收入增长率则波动较大,从2001年以后的长期发展趋势来看,2004年增长率达100.72%的最高点,也是知识势差达到最大值的时间点。在2006年达到增长率最低值3.05%,随后2007年有小幅上升达49.11%,但整体趋势是不断下降的,最终华为与思科的增长率均在7%左右。

2)华为与思科全球化份额变化

根据华为与思科的年度财务报表分析,通过整理得出图3.11和图3.12。

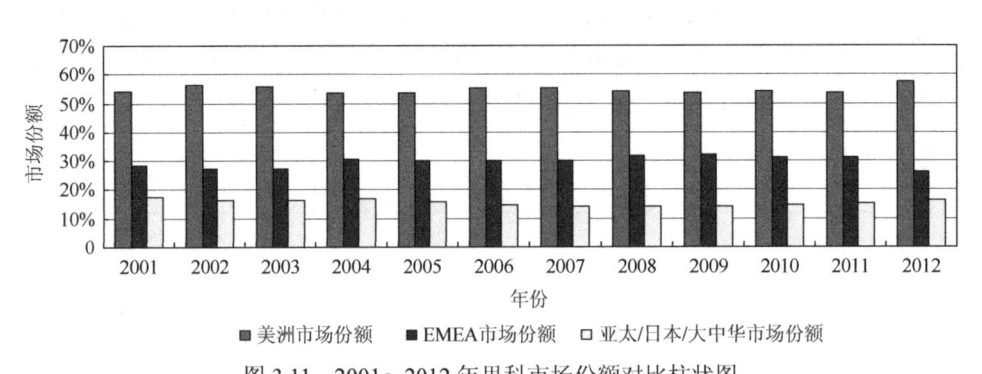

图3.11 2001~2012年思科市场份额对比柱状图

EMEA 为 Europ, the Middle East and Africa 的字母缩写,为欧洲、中东、非洲三个地区的合称

思科一直以美洲市场为主要目标市场,所占比例12年均达50%以上,而在亚太/日本/大中华地区市场份额波动较大,从2001年以后的长期发展趋势来看,于2004年达到最大值16.7%,2007年、2009年降为最低值14.1%左右。

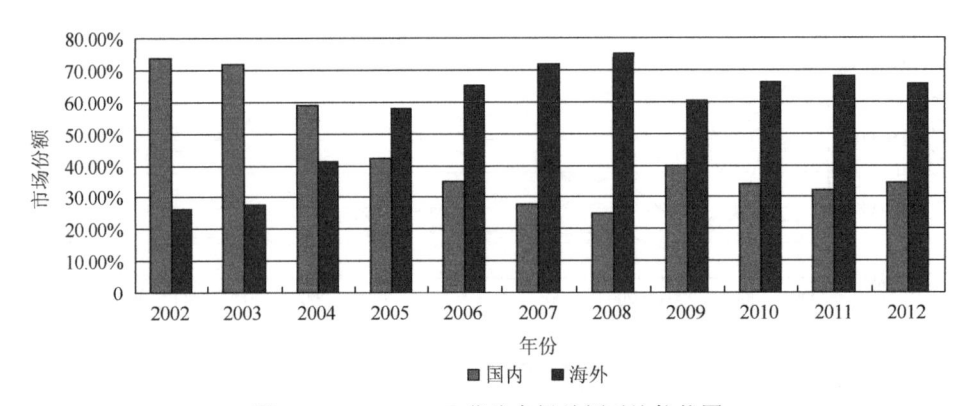

图3.12 2002~2012华为市场份额对比柱状图

华为的国内与海外市场份额变化明显，国内的份额总体呈减小的趋势，而海外份额总体呈上升的趋势。2002～2012年华为国内和海外市场份额变化对比图见图3.13。

(a) 2002年华为国内与海外市场份额比　　(b) 2012年华为国内与海外市场份额比

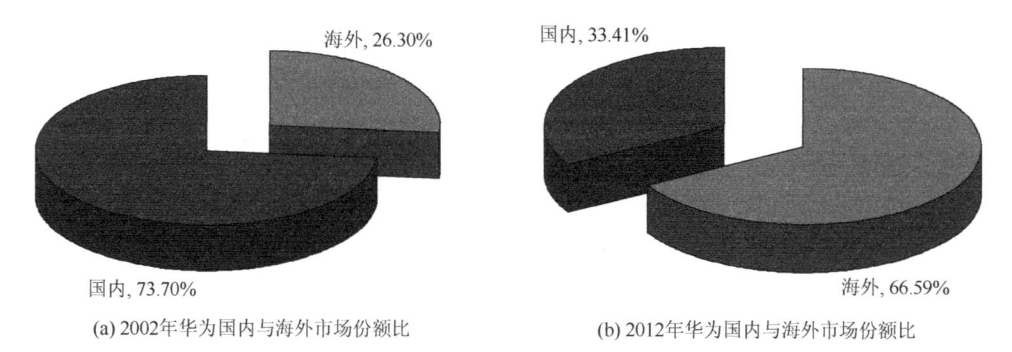

图3.13　华为国内与海外市场份额变化对比图

华为在2002～2012年10年间海外与国内市场份额的变化，正好呈现了彼此交换的局面，这也说明公司在10年的竞争创新活动中逐渐将竞争强度增大，不仅在国内市场与思科竞争激烈，海外市场竞争也不断加剧。在市场份额上逐渐呈现出对半分的状态。

3）产品上实现赶超

产品的赶超，在案例分析的过程中一直贯穿始终。本书案例分析也是利用产品是知识的载体来体现竞争型创新互动的实现过程。尽管研究的目的是描述竞争型创新互动的过程到底如何、怎么实现等问题，但是产品的介入不但使过程的描述更为简洁，也让我们发现竞争型创新互动过程的研究对于本土企业来说在一定情况下，也是一种实现技术赶超的途径。

有竞争才有进步，本土企业在经历跨国公司的侵入后，会更加积极地面对竞争，能够主动地吸收知识、改造知识，实现技术创新，这对于本土企业的发展来说是促进的一面。只有通过本土企业不断提升自身能力，才能在保存实力的同时实现赶超。所以，华为与思科竞争型创新互动过程的案例分析，无疑更加佐证了这一观点，竞争型创新互动也是能够实现本土企业技术赶超的一种途径。

3. 企业战略配合不同阶段竞争型创新互动的变化是必要的

管理学中，企业战略及其有效实施是企业在竞争中取胜的关键，面对竞争型创新互动过程中一些不可预知的情况，顺应时势地调整企业战略是必需的。研究竞争型创新互动的过程，在大的理论背景之下，其实质就是研究跨国公司与本土企业间的战略变化。战略的选择就是一个博弈的决策。面对竞争对手采取战略的变化，随之而来的是本身战略的变化。互动的产生是因为企业创新战略需要变化，其结果也是为了实现战略的变化。最终我们可以通过企业采取的战略变化选择是否竞争，或是企业产品的调整来体现企业战略的调整。

由于华为在中国核心路由器市场的占有率直接威胁到思科在华市场的地位，成为思科的最大竞争对手，且华为想要进入美国市场，两个公司的竞争由此变得更加激烈。2003年华为试图开辟"第二战场"，与3Com公司成立合资公司，借用它的销售渠道使产品进入美国市场。2006年、2007年思科相继在上海与北京成立公司，大力进军中国市场。

2010年至今，华为在收购的过程中受到美国、思科的阻挠。钱伯斯曾公然表明华为已经成为思科最大的竞争对手。在未来的日子里，两个企业的竞争创新互动还将继续进行。

由此我们可以分析得出，思科在2013年以前的发展中，尤其在核心路由器的行业领域里，一直处于领头者的地位。它的企业战略一直保持着一种自主研发创新的姿态，采取的是防守进攻战略，但是在2013年为了适应华为的强势竞争，它不得不改变了以往的领先战略，采取了跟随策略，进一步技术创新。相比思科，本土企业华为的企业战略就要丰富得多。企业在自身创新能力不够、知识势差较大时，节约成本，采取了模仿跟随战略；同时在市场竞争行为上，华为采取了与其他公司合作的方式进入美国市场；当企业自身创新能力有了一定的提高、知识势差较小时，增加大量研发投入，招募高素质人才，提升自身研发创新能力，采用自主创新战略，实现技术赶超。

这样一个过程下来，可以发现，只有不断地改变自身的企业战略，改变以往的因竞争对手动而动的被动局面，掌握先机，占领制高点，本土企业才能实现技术赶超，成功抢占市场。

第 4 章　跨国公司与本土企业合作型创新互动过程与机制

4.1　合作型创新互动的一般过程及实现

在第 3 章分析的基础上，本章主要通过一个两阶段博弈模型对跨国公司与本土企业创新互动过程中的影响条件进行具体的分析。本书的模型是在 Khanna 等（1998）的模型的基础上提出的，他们用一个两阶段博弈模型考察了企业联盟稳定性的问题，考虑到越来越多的公司合作的目的由成本节约转向知识的获取，因此，本书在原有模型的基础上将知识互补程度纳入研究框架，考察在不同的市场范围重叠程度和知识互补程度下跨国公司与本土企业两类异质性主体创新互动过程实现需要满足的条件。

4.1.1　模型构建

跨国公司与本土企业进行创新互动的过程中，会投入一定的知识资源，期望通过合作学习积累更多的知识，假定跨国公司与本土企业在最初分别投入知识资源 X 和 Y。学习能力取决于先前的知识积累，在企业原有知识一定的情况下，投入的知识资源越多，那么学习能力就会越强。另外，根据公平合理和利益分配的原则，知识资源投入较多的一方获得的利益也会较多，美国行为学家亚当斯在 1965 年提出公平理论，认为个人会将自己获得的报酬与投入值做比较，只有相等时才达到公平。因此，本书假定互动双方谁投入的知识资源多，谁就会首先完成学习并将学习到的知识应用到市场上获得私有收益 V_p。为了分析方便，本书将可能获得的收益记为 $\sqrt{XV_p}$ 或 $\sqrt{YV_p}$，取决于跨国公司与本土企业谁先完成学习。

假设参与创新互动的跨国公司与本土企业都是有限理性的，在互动的每个阶段都希望在这个阶段的付出可以获得最大的回报，第一阶段结束时，会以第二阶段预期的收益作为是否继续互动的参考，即以第二阶段的收益最大化为目标。对于落后者而言，会根据领先者的行为和对未来的预期决定第二阶段的知识资源投入量，假设落后者选择新的投资水平 Z，新的投资水平是共有收益的函数，假设共有收益为 V_c。此时，领先者可以选择结束合作关系，获得私有收益 $\sqrt{XV_p}$ 或

$\sqrt{Y}V_p$，根据本书对创新互动实现的定义，这种情况没有实现真正的互动；领先者也可以选择继续互动，这取决于它对未来共有收益的预期，若是继续进行互动，会产生一个增量成本C，同时获得共有收益$\sqrt{Z}\sqrt{1+\gamma}V_c$，$\sqrt{1+\gamma}$为知识的互补对共有收益的影响，其中，$\gamma$为知识互补程度。因为市场范围存在重叠，共有收益的实现会挤占私有收益，未被挤占的私有收益为$\theta\sqrt{X}V_p$或$\theta\sqrt{Y}V_p$，其中，θ表示私有收益中未被挤占的系数。落后者获得$\sqrt{Z}\sqrt{1+\gamma}V_c+\sqrt{Z}V_t$，其中，$V_t$表示落后者获得的永久性私有收益。

本书主要通过这个两阶段博弈模型说明跨国公司与本土企业的市场关系及知识互补程度对私有收益和共有收益的影响，最终分析跨国公司与本土企业创新互动实现需要满足的条件。在博弈模型的分析中，本书利用逆向回归法，通过分析第二阶段的收益来看第一阶段跨国公司与本土企业的选择，求解满足条件的均衡解。

第二阶段，如果领先者选择结束互动，落后者不再继续投资，那么第一阶段实现了均衡，但是这种情况不是本书讨论的重点，本书主要考察领先者选择继续互动，落后者继续投资以获得收益的情形。

假设领先者选择继续互动，落后者投入知识资源Z，为了方便讨论，本书假设领先者投入的知识资源为X。那么落后者获得的收益为$\sqrt{Z}\sqrt{1+\gamma}V_c+\sqrt{Z}V_t-Z$，当$Z_0=(\sqrt{1+\gamma}V_c+V_t)^2/4$时，落后者取得最大收益$(\sqrt{1+\gamma}V_c+V_t)^2/4$。领先者第二阶段获得的收益为$\sqrt{Z}\sqrt{1+\gamma}V_c+\theta\sqrt{X}V_p-C$，需要满足条件$\sqrt{Z}\sqrt{1+\gamma}V_c+\theta\sqrt{X}V_p-C\geqslant\sqrt{X}V_p$，因此第二阶段的收益要满足如下条件：

$$\begin{cases} X \leqslant \dfrac{\left(\sqrt{Z}\sqrt{1+\gamma}V_c-C\right)^2}{(1+\theta)^2 V_p^2} \\ Z_0 = \dfrac{\left(\sqrt{1+\gamma}V_c+V_t\right)^2}{4} \end{cases} \quad (4.1)$$

将落后者在第二阶段的最优投资Z_0代入领先者和落后者的收益函数表达式，得到跨国公司与本土企业第二阶段的最优收益如下。

领先者：$\quad \dfrac{\left(\sqrt{1+\gamma}V_c\right)^2}{2}+\dfrac{\sqrt{1+\gamma}V_c V_t}{2}+\theta\sqrt{X}V_p-C \quad (4.2)$

落后者：$\quad \dfrac{\left(\sqrt{1+\gamma}V_c+V_t\right)^2}{4} \quad (4.3)$

在第二阶段取得最大收益的前提下，本书利用逆向回归法求解第一阶段跨国公司与本土企业的投资水平。在一方给定投资水平为 Y 的前提下，互动的另一方有三种选择，下面依次对这三种选择进行解析。

（1）$X > Y$，在这种情况下，根据上面的界定，投资 X 的一方将成为领先者，此时可以获得的收益为

$$\sqrt{X}V_p + \frac{\left(\sqrt{1+\gamma}V_c\right)^2}{2} + \frac{\sqrt{1+\gamma}V_cV_t}{2} + \theta\sqrt{X}V_p - C - X \tag{4.4}$$

求式（4.4）的一阶导数，得极大值点 $X_0 = (1+\theta)^2 V_p^2/4$。

若 $X_0 > Y$，则可以获得的最大收益为

$$\frac{(1+\theta)^2 V_p^2}{4} + \frac{\left(\sqrt{1+\gamma}V_c\right)^2}{2} + \frac{\sqrt{1+\gamma}V_cV_t}{2} - C \tag{4.5}$$

若 $X_0 < Y$，则可以获得的最大收益为

$$(1+\theta)\sqrt{Y}V_p + \frac{\left(\sqrt{1+\gamma}V_c\right)^2}{2} + \frac{\sqrt{1+\gamma}V_cV_t}{2} - C - Y \tag{4.6}$$

（2）$X = Y$，在这种情况下，跨国公司与本土企业投资水平一样，任何一方成为领先者的可能性均为 1/2，此时可以获得的最大收益为

$$\frac{1}{2}\left[(1+\theta)\sqrt{Y}V_p + \frac{\left(\sqrt{1+\gamma}V_c\right)^2}{2} + \frac{\sqrt{1+\gamma}V_cV_t}{2} - C\right] + \frac{1}{2} \cdot \frac{\left(\sqrt{1+\gamma}V_c + V_t\right)^2}{4} - Y \tag{4.7}$$

（3）$X < Y$，选择这种情况下投资水平的一方必然会成为落后者，可获得的收益为

$$\frac{\left(\sqrt{1+\gamma}V_c + V_t\right)^2}{4} - X \tag{4.8}$$

当 $X = 0$ 时，可以获得最大的收益为 $\left(\sqrt{1+\gamma}V_c + V_t\right)^2/4$。

根据以上分析，可以得到跨国公司与本土企业创新互动过程存在纯策略上的非对称均衡解，此时满足 $4C \in \left[(1+\theta)^2V_p^2 + \left(\sqrt{1+\gamma}V_c\right)^2 - V_t^2, 2\left(\sqrt{1+\gamma}V_c\right)^2 + 2\sqrt{1+\gamma}V_cV_t - 2(1-\theta^2)V_p^2\right]$。这说明，无论其他参数的取值范围如何，在跨国公司与本土企业创新互动的过程中，领先者选择继续互动的条件下，存在成本 C 满足所有的条件并使得创新互动可以实现。从 C 满足的范围可以看出，一方面成本要足够高使得互动过程中落后者不会选择这样的投资水平以成为领先者；另一方面为了保证创新互动的双方能够获得收益，成本要有一定的上限，成本上限同时还受第一阶段投资水平的约束。

跨国公司与本土企业创新互动不存在纯策略上的对称均衡解。这说明，无论在什么样的条件下都不存在成本 C 满足互动所要求的所有条件。这是因为成本要足够高以确保跨国公司与本土企业的投资都不会超过之前的平均水平，当成本足够高到保证这种投资水平的时候，互动的双方反而会选择较少投资以获得更高的收益。这就导致在投资对称的情形下，成本的投资与收益之间总是存在冲突，不能达到均衡。

4.1.2 敏感性分析

本书主要采用敏感性分析的方法，测量 θ 和 γ 的变化对创新互动过程实现的影响。敏感性分析作为一种研究不确定性的定量分析方法，主要研究有关因素的变化对某一个或一组指标的影响程度。通过 4.1.1 节的分析发现，跨国公司与本土企业在投资非对称的情况下存在均衡解，即 $4C \in \left[(1+\theta)^2 V_p^2 + \left(\sqrt{1+\gamma} V_c\right)^2 - V_t^2, \ 2\left(\sqrt{1+\gamma} V_c\right)^2 + 2\sqrt{1+\gamma} V_c V_t - 2(1-\theta^2)V_p^2\right]$，因此可以得到 $(1+\theta)^2 V_p^2 + \left(\sqrt{1+\gamma} V_c\right)^2 - V_t^2 < 2\left(\sqrt{1+\gamma} V_c\right)^2 + 2\sqrt{1+\gamma} V_c V_t - 2(1-\theta^2)V_p^2$，并且本书在 4.1.1 节分析中已经界定 V_t 是永久性私有收益，并且 $V_t = \theta V_p$，代入不等式化简得到

$$V_c > \frac{\sqrt{3+2\theta-\theta^2}-\theta}{\sqrt{1+\gamma}} V_p \tag{4.9}$$

式（4.9）描述了跨国公司与本土企业创新互动实现必须满足的私有收益 V_p 和共有收益 V_c 的条件，而私有收益和共有收益的实现受跨国公司与本土企业市场范围重叠程度 θ 以及知识互补程度 γ 两个条件的限制。本书假定私有收益 V_p 取值为 1，从市场范围重叠程度和知识互补程度单因素变动及两个因素同时变动的角度考察其对共有收益实现的影响，见表 4.1。

1. 市场范围重叠程度对创新互动的影响

市场范围重叠程度对创新互动收益实现的影响，是通过对私有收益的挤占表现出来的，未被挤占的程度系数 θ 对收益的实现起到调节作用。如表 4.1 所示，假定 γ 的取值不变，θ 依次增加 0.05，无论 γ 取何值，不等式（4.9）的右边均呈递减的趋势，这表明 θ 的取值越大，共有收益就越容易实现。θ 表示私有收益未被挤占的程度，θ 越大表明私有收益被挤占的程度越小，也就是市场范围的重叠程度越小。

表 4.1 市场范围重叠程度和知识互补程度变化对共有收益影响的敏感性分析

V_c变化	$\theta=0$	$\theta=0.05$	$\theta=0.1$	$\theta=0.15$	$\theta=0.2$	$\theta=0.25$	$\theta=0.3$	$\theta=0.35$	$\theta=0.4$	$\theta=0.45$	$\theta=0.5$	$\theta=0.55$	$\theta=0.6$	$\theta=0.65$	$\theta=0.7$	$\theta=0.75$	$\theta=0.8$	$\theta=0.85$	$\theta=0.9$	$\theta=0.95$	$\theta=1$
$\gamma=0$	1.73	1.71	1.69	1.66	1.63	1.60	1.57	1.54	1.51	1.47	1.44	1.40	1.36	1.32	1.28	1.23	1.19	1.14	1.10	1.05	1.00
$\gamma=0.05$	1.69	1.67	1.65	1.62	1.59	1.57	1.54	1.50	1.47	1.44	1.40	1.37	1.33	1.29	1.25	1.20	1.16	1.12	1.07	1.02	0.98
$\gamma=0.1$	1.65	1.63	1.61	1.58	1.56	1.53	1.50	1.47	1.44	1.40	1.37	1.33	1.30	1.26	1.22	1.18	1.13	1.09	1.05	1.00	0.95
$\gamma=0.15$	1.62	1.59	1.57	1.55	1.52	1.50	1.47	1.44	1.41	1.37	1.34	1.30	1.27	1.23	1.19	1.15	1.11	1.07	1.02	0.98	0.93
$\gamma=0.2$	1.58	1.56	1.54	1.52	1.49	1.46	1.44	1.41	1.38	1.34	1.31	1.28	1.24	1.20	1.17	1.13	1.09	1.04	1.00	0.96	0.91
$\gamma=0.25$	1.55	1.53	1.51	1.49	1.46	1.43	1.41	1.38	1.35	1.32	1.28	1.25	1.22	1.18	1.14	1.10	1.06	1.02	0.98	0.94	0.89
$\gamma=0.3$	1.52	1.50	1.48	1.46	1.43	1.41	1.38	1.35	1.32	1.29	1.26	1.23	1.19	1.16	1.12	1.08	1.04	1.00	0.96	0.92	0.88
$\gamma=0.35$	1.49	1.47	1.45	1.43	1.41	1.38	1.35	1.33	1.30	1.27	1.24	1.20	1.17	1.14	1.10	1.06	1.02	0.98	0.94	0.90	0.86
$\gamma=0.4$	1.46	1.45	1.42	1.40	1.38	1.36	1.33	1.30	1.27	1.24	1.21	1.18	1.15	1.11	1.08	1.04	1.01	0.97	0.93	0.89	0.85
$\gamma=0.45$	1.44	1.42	1.40	1.38	1.36	1.33	1.31	1.28	1.25	1.22	1.19	1.16	1.13	1.10	1.06	1.03	0.99	0.95	0.91	0.87	0.83
$\gamma=0.5$	1.41	1.40	1.38	1.36	1.33	1.31	1.28	1.26	1.23	1.20	1.17	1.14	1.11	1.08	1.04	1.01	0.97	0.93	0.90	0.86	0.82
$\gamma=0.55$	1.39	1.37	1.35	1.33	1.31	1.29	1.26	1.24	1.21	1.18	1.15	1.12	1.09	1.06	1.03	0.99	0.96	0.92	0.88	0.84	0.80
$\gamma=0.6$	1.37	1.35	1.33	1.31	1.29	1.27	1.24	1.22	1.19	1.16	1.14	1.11	1.07	1.04	1.01	0.98	0.94	0.90	0.87	0.83	0.79
$\gamma=0.65$	1.35	1.33	1.31	1.29	1.27	1.25	1.22	1.20	1.17	1.15	1.12	1.09	1.06	1.03	0.99	0.96	0.93	0.89	0.85	0.82	0.78
$\gamma=0.7$	1.33	1.31	1.29	1.27	1.25	1.23	1.21	1.18	1.16	1.13	1.10	1.07	1.04	1.01	0.98	0.95	0.91	0.88	0.84	0.80	0.77
$\gamma=0.75$	1.31	1.29	1.27	1.26	1.23	1.21	1.19	1.17	1.14	1.11	1.09	1.06	1.03	1.00	0.97	0.93	0.90	0.87	0.83	0.79	0.76
$\gamma=0.8$	1.29	1.27	1.26	1.24	1.22	1.20	1.17	1.15	1.12	1.10	1.07	1.04	1.01	0.98	0.95	0.92	0.89	0.85	0.82	0.78	0.75
$\gamma=0.85$	1.27	1.26	1.24	1.22	1.20	1.18	1.16	1.13	1.11	1.08	1.06	1.03	1.00	0.97	0.94	0.91	0.87	0.84	0.81	0.77	0.74
$\gamma=0.9$	1.26	1.24	1.22	1.20	1.18	1.16	1.14	1.12	1.09	1.07	1.04	1.01	0.99	0.96	0.93	0.90	0.86	0.83	0.80	0.76	0.73
$\gamma=0.95$	1.24	1.22	1.21	1.19	1.17	1.15	1.13	1.10	1.08	1.05	1.03	1.00	0.97	0.94	0.91	0.88	0.85	0.82	0.79	0.75	0.72
$\gamma=1$	1.22	1.21	1.19	1.17	1.15	1.13	1.11	1.09	1.07	1.04	1.02	0.99	0.96	0.93	0.90	0.87	0.84	0.81	0.78	0.74	0.71

2. 知识互补程度对创新互动的影响

知识互补程度作为模型中的一个调节变量，通过影响共有收益来调节跨国公司与本土企业创新互动的收益实现。如表 4.1 所示，假定 θ 的取值不变，γ 依次增加 0.05，无论 θ 取何值，不等式（4.9）的右边均呈递减的趋势，这表明 γ 的取值越大，共有收益越容易实现。知识互补程度 γ 表明了创新互动的两家企业知识的相似程度，互补程度越大，知识越不相似，互动后带来的共有收益越大。

3. 市场范围重叠程度与知识互补程度共同变动对创新互动的影响

为了更直观地表示市场范围重叠程度和知识互补程度对创新互动的影响，本书通过 MATLAB 7.0 软件对市场范围重叠程度和知识互补程度同时变动进行数值试验，结果见图 4.1。

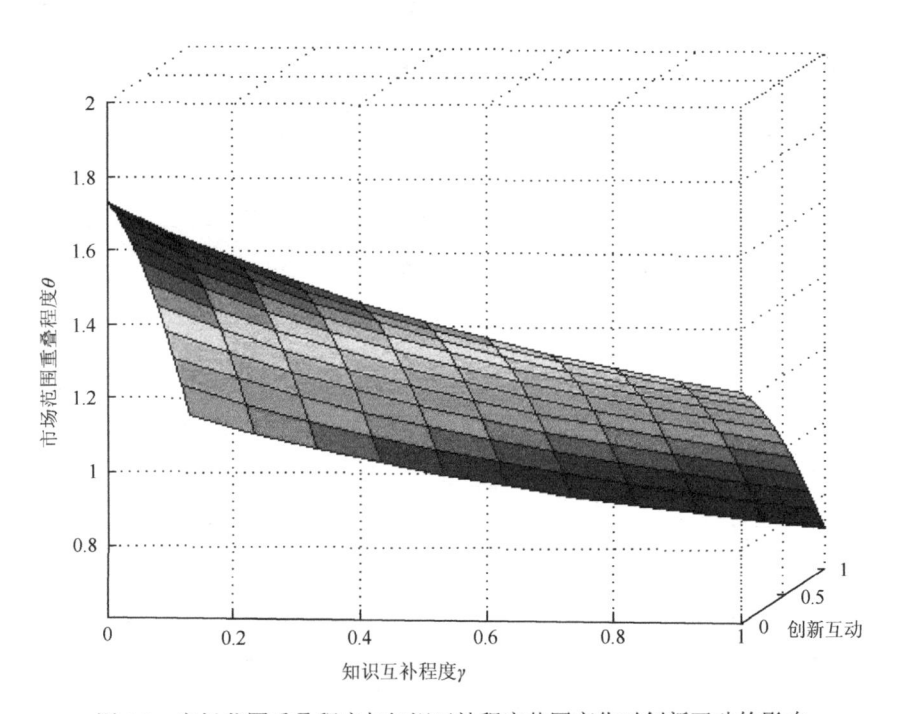

图 4.1　市场范围重叠程度与知识互补程度共同变化对创新互动的影响

图 4.1 是对市场范围重叠程度和知识互补程度共同变动结果的直观体现，通过这个三维图形可以发现，随着市场范围重叠程度的降低和知识互补程度的增大，式（4.9）右边呈现递减的趋势，即创新互动过程更容易实现。

4.1.3 结果分析与讨论

通过模型的敏感性分析，本书对市场范围重叠程度和知识互补程度两个条件对创新互动过程实现的影响进行了分析讨论，结果如下。

命题 4.1 市场范围互补程度越大，创新互动过程越容易实现。

市场范围重叠程度越小，即市场互补程度越大，此时 θ 的取值越大，从敏感性分析中可以看出，随着 θ 的增大，未被挤占的私有收益增加。创新互动在实现共有收益的同时，已获得的私有收益很少被挤占，因此创新互动过程更容易实现。

命题 4.2 知识互补程度越大，创新互动过程越容易实现。

从敏感性分析的数据可以发现，随着知识互补程度 γ 的增大，共有收益更容易实现。知识的互补使得互动双方可以获得异质性知识，对异质性知识的联合应用使跨国公司与本土企业可以获得比单独应用更多的收益，并且互补的知识可以产生更多的创新成果，增加了总体的收益。

命题 4.3 市场范围重叠程度与知识互补程度共同变动时，存在一个临界值。

单因素分析中，市场范围重叠程度越小或知识互补程度越大时，越有利于跨国公司与本土企业实现创新互动过程。进一步根据表 4.1 中的数据，分析了市场范围重叠程度与知识互补程度变化相同幅度时对创新互动的影响，结果见表 4.2。

表 4.2 θ 与 γ 同时变动对创新互动实现的影响

变化幅度	γ 对创新互动实现的影响/%	θ 对创新互动实现的影响/%
0.00~0.05	1.27	2.41
0.05~0.10	1.40	2.30
0.10~0.15	1.52	2.20
0.15~0.20	1.65	2.11
0.20~0.25	1.77	2.02
0.25~0.30	1.90	1.94
0.30~0.35	2.04	1.87
0.35~0.40	2.18	1.80
0.40~0.45	2.32	1.74
0.45~0.50	2.47	1.68
0.50~0.55	2.63	1.63
0.55~0.60	2.80	1.57
0.60~0.65	2.98	1.53
0.65~0.70	3.17	1.48

续表

变化幅度	γ 对创新互动实现的影响/%	θ 对创新互动实现的影响/%
0.70～0.75	3.37	1.44
0.75～0.80	3.59	1.40
0.80～0.85	3.83	1.36
0.85～0.90	4.10	1.32
0.90～0.95	4.38	1.29
0.95～1.00	4.71	1.26

从表 4.2 可以看出，当 γ 与 θ 共同变动时，随着变化幅度的增大，γ 对共有收益的影响逐渐增大，而 θ 对共有收益的影响逐渐降低，在 0.3 附近时存在一个临界值。当 θ 与 γ 在临界值以内时，同时增加 0.05，θ 的变化幅度要大于 γ 的变化幅度，即市场范围重叠程度比知识互补程度对创新互动带来的影响要大。这种情况下，市场范围重叠程度较大，而知识的互补程度又较小，共有收益的实现对私有收益分割太大，导致创新互动过程不能实现。

当 θ 与 γ 大于临界值时，同时增加 0.05 时，γ 的变化幅度要大于 θ 的变化幅度，即知识互补程度比市场范围重叠程度对创新互动的影响要大。此时，随着市场范围重叠程度的降低，共有收益实现后挤占的私有收益减少，而知识的互补程度带来了共有收益的增加，两方面的综合作用使得创新互动过程更容易实现。

4.2 不同情境下的合作型创新互动的过程

4.2.1 创新互动策略选择的情境

情境是一个复杂的概念，目前对情境及其相关理论的研究主要集中在教育学、心理学以及人类学的角度。心理学中的情境指对人有直接刺激作用，有一定的生物学意义和社会学意义的具体环境；从教育学的角度看，情境就是以情感调节为手段，以学生的生活实际及教学材料为基础，以促进学生主动参与、整体发展为目的的优化了的学习环境；人类学认为情境是真实的，是日常生活中和实践中的，并与日常生活和实践有着紧密的联系。本书中所说的情境是描述跨国公司与本土企业在创新互动中所遇到的不同情况。

跨国公司与本土企业在进行创新互动时会遇到不同的阶段，本书基于不同情境，对两个企业在创新互动中缔约阶段和履约阶段进行分析。跨国公司与本土企业创新互动在缔约阶段会面临企业规模不同的情境从而影响它们的创新互动策略选择；在履约阶段会面临信息不对称的情境从而影响它们的创新互动策略选择，下面将针对这两方面进行相关的理论和情境分析。

1. 跨国公司与本土企业创新互动的探索性案例分析

1）缔约阶段

本书先从一个跨国公司与本土企业合作型创新互动的实例对影响因素进行分析。温州民营企业德力西集团（简称德力西）和全球500强企业法国施耐德电气有限公司（简称施耐德）成立合资公司——德力西电气有限公司。施耐德是全球最大的低压电器制造企业，德力西是输配电领域中国本土领先企业之一。

2007年德力西和施耐德双方以1∶1的比例出资成立合资公司，各自拥有合资公司50%的股份。这家合资公司在浙江乐清组建，总投资18亿元人民币，员工达到10 000人左右。合资公司主要生产低压电器产品，产品面向中国市场。合资公司产品将使用"德力西"商标，通过德力西现有的供应链和销售网络运营，预计年产值22.6亿元人民币。

德力西之所以和施耐德合作，成立合资企业，是为了与另一家制造低压电器的本土企业浙江正泰电器股份有限公司相抗衡（2005年，通用电气消费与工业产品集团和浙江正泰电器股份有限公司正式成立了合资公司——通用正泰（温州）电器有限公司），以提高自身在中国市场的竞争力，而施耐德作为全球最大的低压电器制造企业，其企业规模大，技术研发和创新能力方面吸引了德力西与之进行合作，而施耐德看中德力西的本土优势，希望能够与其合作，扩展中国市场。

德力西和法国施耐德通过建立合资公司的这样一种契约方式，在发挥本土化优势和推进技术研发与创新方面将会获得更多发展机遇，同时会引发低压电器行业新一轮的产品更新换代。在此过程中，德力西和施耐德就体现了跨国公司与本土企业的合作型创新互动。德力西与施耐德在建立合作关系、成立合资公司之前，双方都考虑各自企业的规模，在形成合作之后进行创新互动所能获得的收益，需要付出的成本，以及在互动中如果背叛另一方，将会受到的惩罚。

在此案例中，施耐德的企业规模相对大，而德力西作为本土企业，规模较小，两个公司分别代表了规模大的跨国公司和规模小的本土企业之间的创新互动。在跨国公司与本土企业进行创新互动策略选择时，两个企业的规模影响着它们的收益和成本，由于德力西和施耐德是采用合资的方式，它们之间的利益分配往往根据彼此所拥有的股权确定。

在跨国公司与本土企业建立契约之前，跨国公司与本土企业的创新互动策略选择，首先会受到企业规模的影响，其次根据成本-收益理论，两个企业之间的互动预期收益、互动的成本也会影响双方的互动策略选择，最后两个企业也要考虑背叛的机会成本，防止合作方在互动中选择模仿创新，而导致潜在损失。

2) 履约阶段

两个公司在成立合资公司以后，已经建立了创新互动的契约，但是在现实中，仍然要考虑跨国公司与本土企业在建立契约后的创新互动中是否有实际的行动进行创新互动，下面将对契约建立后的影响因素进行分析。

两个公司是以1∶1的比例进行合作建立合资公司，此时，两个公司通过合资公司的方式，已经达成了基本的协议，在该合资公司的研发创新过程中，德力西和施耐德的收益与资金的投入都会根据相关的协议进行。然而，在进行创新互动时，两个公司将会采取对自己最有力的互动策略，选择提供多少知识来与对方进行互动将会成为跨国公司与本土企业的重要考虑因素，在知识的交流和互动中会产生不同程度的技术溢出，存在彼此信息不对称的情况，在这种状况下，两个公司在表现形式上虽然是合资公司，但是在创新互动的过程中，却会存在考虑自身技术溢出和知识产权保护的问题。

在德力西和施耐德进行创新互动策略选择时，两个公司都会根据通过与对方互动获得的预期收益和成本来考虑自己是否要提供知识资本进行互动。如果其中一个企业选择背叛，那么还要考虑其因为背叛而要承担的机会成本，当该企业进行互动时选择背叛，与其合作的企业在未来的创新互动中，对该企业的信任程度将明显降低，会损坏该企业的信誉，曾经与其合作的企业就会选择第三方企业合作，此时，背叛的企业就必须承担这种潜在的损失，本书中定义为机会成本。

在策略选择中，跨国公司与本土企业之间的信任程度起到了关键的作用，两个公司在创新互动中会出现信息不对称的情况，当德力西和施耐德在互动中对彼此的信任程度很高时，两个企业将会愿意在创新互动中投入更多的知识资产。此外，本书还要考虑，跨国公司和本土企业根据对方对自己的信任程度会选择怎样的互动策略，例如，本土企业对跨国公司的信任程度高，跨国公司就倾向于选择互动，但是并不确定对方对自己的信任程度高就会选择进行创新互动（图4.2），这也是本书讨论的一个重点。在第4章中，本书会对跨国公司和本土企业在创新互动中的预期收益、成本、机会成本以及信任程度进行具体的分析。

2. 缔约阶段的情境

在缔约阶段，跨国公司与本土企业还没有达成进行创新互动的意向，它们之间的创新互动主要是考虑是否要达成合作的契约。在跨国公司与本土企业创新互动的缔约阶段，除了传统的成本、收益对跨国公司与本土企业的创新互动策略选

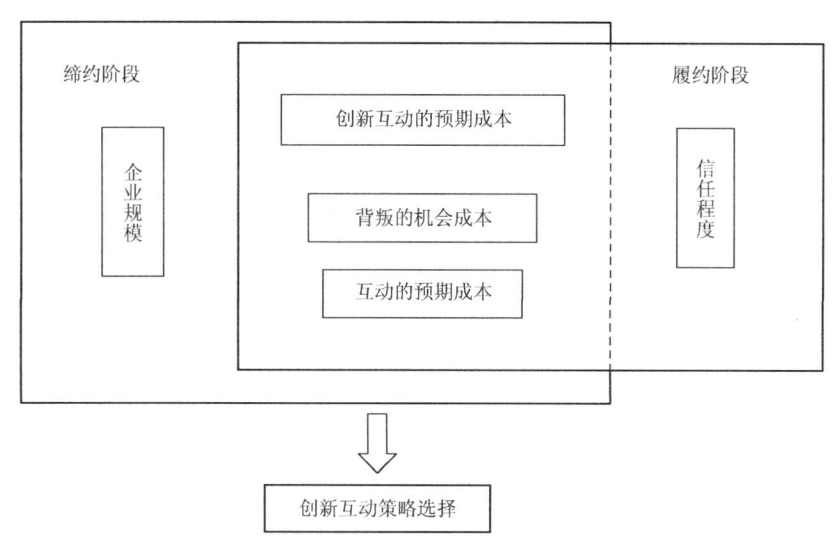

图 4.2 基于两阶段视角的创新互动策略选择的影响因素

择有影响，企业规模对创新互动的策略选择也有至关重要的影响。跨国公司与本土企业在创新互动时进行策略选择的过程是一个复杂的博弈过程，而企业规模这一关键因素与"智猪博弈"的情境相契合，因此，本书将跨国公司与本土企业建立契约前的创新互动策略选择建立在"智猪博弈"的框架下进行讨论。

1）跨国公司与本土企业之间的企业规模不同

在跨国公司和本土企业的创新互动中，在现实的情况中，两个企业之间存在规模不同的情况。在一般情况下，默认为跨国公司就代表"大猪"，而本土企业就代表"小猪"，两方公司在创新技术方面是存在差距的，跨国公司在各方面的实力都比本土企业要强，而两者在进行创新互动时就会存在一个矛盾，当跨国公司与本土企业进行创新互动时，投入相同的创新成本，跨国公司获得的收益往往比本土企业要大，这就导致企业在互动中，创新所得的利益分配会随着企业的规模而产生差距，当利益分配不合理的情况超过企业承受的范围时，跨国公司或者本土企业就会选择自主创新，而不进行互动。

2）本土企业的不互动倾向

在原始的"智猪博弈"中，无论跨国公司的选择如何，本土企业都选择不互动，而单纯地在跨国公司进行创新之后，吸收其创新成果，一味地模仿创新，就能在庞大的市场中获得一定的利益，最坏的结果也就是不获利，但是不会产生亏损的情况，而它在选择创新的时候还要承担跨国公司不进行创新互动的风险，使其获利为负。这就导致本土企业在创新互动的过程中是不积极的。在现实中，就有很多企业单纯地吸收跨国公司的产品和技术创新，以获得市场收益，这就出现了"山寨"现象。

3. 履约阶段的情境

在履约阶段，跨国公司与本土企业已经达成了合作的契约，但是在实际的行动中，跨国公司与本土企业是否真正地提供了相关的技术知识进行创新仍是要深入分析和研究的，在此情境中，考虑的是两个公司在实际中提供的知识量。在跨国公司与本土企业创新互动的履约阶段，除了传统的成本、收益对跨国公司与本土企业的创新互动策略选择有影响，跨国公司与本土企业之间的信任关系对创新互动的策略选择也有至关重要的影响。跨国公司与本土企业在创新互动时进行策略选择的过程是一个复杂的博弈过程，而信任这一关键因素与"囚徒困境"的情境相契合，因此，本书将跨国公司与本土企业建立契约前的创新互动策略选择建立在"囚徒困境"的框架下进行讨论。

1）跨国公司与本土企业之间的信任表现

在创新互动的过程中，信息和知识在跨国公司与本土企业之间迅速、通畅地交流共享是创新互动成功的关键。但是因为参与创新互动的企业在信息上是非对称的，每个企业都是独立的利益体，追求自己的利益最大化，所以在两个公司之间会产生多种矛盾：①各合作方之间相互怀疑对方知识展露数量不足、质量不高，而认为自身提供的知识内容数量大、质量高；②合作需要成员之间充分展露知识，却可能存在其他成员的机会主义行为；③知识共享与知识产权权能独占性及主动掌控性存在根本的矛盾；④知识的自然流动有利于联盟整体及其他成员的利益却会损害知识所有者自身的利益。上述问题的存在，使得创新互动的知识所有者和另一合作伙伴相互猜疑对方的诚意，拖延时间观察对方的合作意向，均等候对方采取实质性的付出行为后才进入互动状态，而一旦出现以挪用他人知识资产为目的的合作者，其机会主义行为马上招致其余合作者的报复性退出，导致合作失败。

2）创新互动中的机会主机倾向

机会主义行为是一种"搭便车"行为，也就是互动双方都希望以最小的投入从创新互动中获取最大利益的投机行为。合作创新互动要求成员之间分享具有敏感性的知识和信息，而通常合作成员之间是一种协作性竞争关系。由于各方投入的资产主要是知识资产，且各方在合作互动中的贡献难以计量，合作互动过程涉及技术秘密和个人经验等不可言传的知识技能，为防止在合作互动中丧失竞争优势，企业会存在机会主义倾向，会隐瞒一些重要的技术信息，影响创新互动预期目标的达成，也可能由于独占研究开发成果而引起争端和冲突等。由于双方都想"搭便车"，都有机会主义倾向，都不愿意投入更多的知识资产，只能维持较低产出水平，双方陷入"囚徒困境"。

4.2.2 不同情境下创新互动策略选择的博弈分析

本书在4.2.1节中讨论了不同情境下创新互动的影响因素,并分析了缔约阶段和履约阶段跨国公司与本土企业创新互动的具体表现,本章将根据创新互动的不同阶段,分别用"囚徒困境"和"智猪博弈"两种基础的框架,构建与情境相适用的博弈模型,并根据不同的模型讨论其纳什均衡需要满足的条件,最后对两个模型的混合策略进行数值试验。

1. 缔约阶段的博弈分析

1) 模型的构建

根据4.2.1节中讨论的在契约建立前的创新互动,由于跨国公司与本土企业之间的规模往往是不同的,而在创新互动中企业规模的不同是影响跨国公司与本土企业创新互动策略的一个重要因素,两个企业在互动中的利益分配也受到了企业规模的影响,出于对这一因素的考虑,本书对跨国公司与本土企业创新互动的相关假设如下。

假设4.1 市场上只有一个跨国公司(f)和一个本土企业(h),两个企业都是完全理性的。

假设4.2 双方在创新互动过程中,通过互动跨国公司获得的收益为$F_f(fh)$,本土企业获得的收益为$F_h(fh)$;当跨国公司选择不互动,本土企业选择互动创新时,跨国公司的收益为$F_f(h)$,本土企业的收益为$F_h(h)$;反之,当本土企业选择不互动,而跨国公司选择互动创新时,跨国公司的收益为$F_f(f)$,本土企业的收益为$F_h(f)$;当两个企业都选择不互动,不存在互动行为时,跨国公司的收益为$F_f(0)$,本土企业的收益为$F_h(0)$。

假设4.3 企业选择互动需要投资的成本为$V_i(i=f\text{或}h)$。

假设4.4 企业规模系数为θ_i。

企业的互动预期收益受到企业规模的影响,基于原始的"智猪博弈",规模大的企业在创新互动中的收益会比规模小的企业收益大。在现实的创新互动中,规模大的企业相对于规模小的企业拥有更多的资源、经验和管理能力。基于上述的假设,当只有一个公司选择互动时,该公司互动收益是$\dfrac{\theta_i}{\theta_i+\theta_j}F_i(i)-\dfrac{\theta_i}{\theta_i+\theta_j}F_i(0)$,$i,j=f\text{或}h$,用$\dfrac{\theta_i}{\theta_i+\theta_j}\alpha_i$表示企业$i$的互动收益,即

$$\frac{\theta_f}{\theta_f+\theta_h}\alpha_f = \frac{\theta_f}{\theta_f+\theta_h}(F_f(f)-F_f(0)), \quad \frac{\theta_h}{\theta_f+\theta_h}\alpha_h = \frac{\theta_h}{\theta_f+\theta_h}(F_h(h)-F_h(0))$$

当一个公司选择互动时，另一个公司也会选择互动来减少自己在互动中选择背叛而造成的机会成本。跨国公司的机会成本是 $\frac{\theta_f}{\theta_f+\theta_h}F_f(fh)-\frac{\theta_f}{\theta_f+\theta_h}F_f(h)$，本土企业的机会成本是 $\frac{\theta_h}{\theta_f+\theta_h}F_h(fh)-\frac{\theta_h}{\theta_f+\theta_h}F_h(f)$。用参数 $\frac{\theta_i}{\theta_i+\theta_j}\beta_i$ 表示公司 i 的机会成本，即

$$\frac{\theta_f}{\theta_f+\theta_h}\beta_f = \frac{\theta_f}{\theta_f+\theta_h}(F_f(fh)-F_f(h)), \quad \frac{\theta_h}{\theta_f+\theta_h}\beta_h = \frac{\theta_h}{\theta_f+\theta_h}(F_h(fh)-F_h(f))$$

根据上述假设，得到的博弈矩阵见表 4.3。

表 4.3 基于"智猪博弈"的创新互动博弈矩阵

		本土企业（h）	
		互动（I）	不互动（N）
跨国公司（f）	互动（I）	$\frac{\theta_f}{\theta_f+\theta_h}F_f(fh)-V_f$ $\frac{\theta_h}{\theta_f+\theta_h}F_h(fh)-V_h$	$\frac{\theta_f}{\theta_f+\theta_h}F_f(f)-V_f$ $\frac{\theta_h}{\theta_f+\theta_h}F_h(f)$
	不互动（N）	$\frac{\theta_f}{\theta_f+\theta_h}F_f(h)$ $\frac{\theta_h}{\theta_f+\theta_h}F_h(h)-V_h$	$\frac{\theta_f}{\theta_f+\theta_h}F_f(0)$ $\frac{\theta_h}{\theta_f+\theta_h}F_h(0)$

注：在表 4.3 的每格中跨国公司的预期利润在前，本土企业的预期利润在后

2）均衡分析

（1）纯策略均衡分析。下面分析在这个复杂情境下的纳什均衡。先从纯策略均衡分析开始，然后分析混合策略均衡。两个公司都进行创新互动的纯策略是 (I, I)，满足以下条件：

$$\frac{\theta_f}{\theta_f+\theta_h}F_f(fh)-V_f \geq \frac{\theta_f}{\theta_f+\theta_h}F_f(h)$$

$$\frac{\theta_h}{\theta_f+\theta_h}F_h(fh)-V_h \geq \frac{\theta_h}{\theta_f+\theta_h}F_h(f)$$

上述不等式可以简化为

$$\frac{\theta_f}{\theta_f+\theta_h}\beta_f \geqslant V_f, \quad \frac{\theta_h}{\theta_f+\theta_h}\beta_h \geqslant V_h \qquad (4.10)$$

换言之，当跨国公司和本土企业都发现自己如果在互动过程中单方面背叛造成的机会成本大于互动的投资成本时，就存在两个公司都选择互动的均衡。

同理，跨国公司选择互动，而本土企业选择背叛，即 (I, N)，满足以下条件：

$$\frac{\theta_f}{\theta_f+\theta_h}F_f(f)-V_f \geqslant \frac{\theta_f}{\theta_f+\theta_h}F_f(0)$$

$$\frac{\theta_h}{\theta_f+\theta_h}F_h(fh)-V_h \geqslant \frac{\theta_h}{\theta_f+\theta_h}F_h(f)$$

这是一个纯策略，简化得

$$\frac{\theta_f}{\theta_f+\theta_h}\alpha_f \geqslant V_f, \quad \frac{\theta_h}{\theta_f+\theta_h}\beta_h \leqslant V_h \qquad (4.11)$$

该均衡结果表示如果跨国公司发现其互动预期收益大于互动的成本，跨国公司就会选择互动，而本土企业发现其互动中背叛的机会成本小于互动的成本，本土企业就会选择在互动中背叛跨国公司，这样就只存在跨国公司选择创新互动。

同理，当本土企业的互动预期收益大于其投资成本，而跨国公司的背叛机会成本小于其互动的成本时，就为只有本土企业选择互动的纯策略均衡，即 (N, I)，满足以下条件：

$$\frac{\theta_h}{\theta_f+\theta_h}\alpha_h \geqslant V_h, \quad \frac{\theta_f}{\theta_f+\theta_h}\beta_f \leqslant V_f \qquad (4.12)$$

最后，没有公司选择互动，即 (N, N)，作为纯策略均衡，满足以下条件：

$$\frac{\theta_f}{\theta_f+\theta_h}\alpha_f \leqslant V_f, \quad \frac{\theta_h}{\theta_f+\theta_h}\alpha_h \leqslant V_h \qquad (4.13)$$

这些结果表明，如果企业互动的预期收益小于互动的成本，公司将选择背叛，不进行互动。也就是说，当一个公司看不到任何创新互动带来的潜在收益时，它将不会进行创新互动。式（4.13）符合传统的成本收益逻辑，指出当互动的成本大于收益时，跨国公司与本土企业都不会选择进行创新互动。然而，不仅要考虑传统的成本收益的关系，公司创新互动的选择直接受到互动的机会成本影响，由式（4.10）可知。

（2）混合策略均衡分析。当 $\dfrac{\theta_f}{\theta_f+\theta_h}\alpha_f \geqslant V_f$，$\dfrac{\theta_f}{\theta_f+\theta_h}\beta_f \leqslant V_f$ 且 $\dfrac{\theta_h}{\theta_f+\theta_h}\alpha_h \leqslant V_h$，$\dfrac{\theta_h}{\theta_f+\theta_h}\beta_h \geqslant V_h$，或者 $\dfrac{\theta_h}{\theta_f+\theta_h}\alpha_h \geqslant V_h$，$\dfrac{\theta_h}{\theta_f+\theta_h}\beta_h \leqslant V_h$ 且 $\dfrac{\theta_f}{\theta_f+\theta_h}\alpha_f \leqslant V_f$，$\dfrac{\theta_f}{\theta_f+\theta_h}\beta_f \geqslant V_f$ 时，本书仍然借鉴前面的假设，将 γ_f 表示跨国公司互动的概率，本土企业互动的概率则为 γ_h，得出以下等式：

$$\gamma_f\left[\dfrac{\theta_h}{\theta_f+\theta_h}F_h(fh)-V_h\right]+(1-\gamma_f)\left[\dfrac{\theta_h}{\theta_f+\theta_h}F_h(h)-V_h\right]$$

$$=\gamma_f\dfrac{\theta_h}{\theta_f+\theta_h}F_h(f)+(1-\gamma_f)\dfrac{\theta_h}{\theta_f+\theta_h}F_h(0)$$

同理，本土企业选择互动，跨国公司做出任何选择都不重要。进行如下数值分析，即

$$\gamma_h\left[\dfrac{\theta_f}{\theta_f+\theta_h}F_f(fh)-V_f\right]+(1-\gamma_h)\left[\dfrac{\theta_f}{\theta_f+\theta_h}F_f(f)-V_f\right]$$

$$=\gamma_h\dfrac{\theta_f}{\theta_f+\theta_h}F_f(h)+(1-\gamma_h)\dfrac{\theta_f}{\theta_f+\theta_h}F_f(0)$$

简化得

$$\gamma_f=\dfrac{(\theta_f+\theta_h)V_h-\theta_h\alpha_h}{\theta_h\beta_h-\theta_h\alpha_h},\quad \gamma_h=\dfrac{(\theta_f+\theta_h)V_f-\theta_f\alpha_f}{\theta_f\beta_f-\theta_f\alpha_f} \qquad (4.14)$$

从上述等式中可知，在混合策略中，一个公司根据另一个公司选择互动的行为决定是否进行互动，换言之，一个公司将另一个公司的付出作为在混合策略中选择互动的考虑因素。上述混合策略均衡的结果，表明跨国公司或者本土企业对对方的信任程度取决于另一方的各个参数（包括企业的规模）和互动的不确定性。

3）策略选择

（1）纯策略均衡分析。根据 $\alpha_f,\beta_f,\alpha_h,\beta_h,\theta_f$ 和 θ_h 六个参数值的变化组合，表4.4 总结了各个情况下最佳的策略均衡。本书重点讨论跨国公司和本土企业都选择创新互动的均衡策略，首先来讨论两个公司都选择互动的纯策略均衡。在表4.4 中，两个公司都选择互动的均衡有：(2, 2)、(2, 4)、(4, 2) 和 (4, 4)，即结构均衡策略包括 (I, I) 所对应的均衡。

表 4.4　不同条件下的最佳均衡策略

回报结构	$\frac{\theta_h}{\theta_f+\theta_h}\beta_h \leq V_h$ $\frac{\theta_h}{\theta_f+\theta_h}\alpha_h \leq V_h$	$\frac{\theta_h}{\theta_f+\theta_h}\beta_h \geq V_h$ $\frac{\theta_h}{\theta_f+\theta_h}\alpha_h \leq V_h$	$\frac{\theta_h}{\theta_f+\theta_h}\beta_h \leq V_h$ $\frac{\theta_h}{\theta_f+\theta_h}\alpha_h \geq V_h$	$\frac{\theta_h}{\theta_f+\theta_h}\beta_h \geq V_h$ $\frac{\theta_h}{\theta_f+\theta_h}\alpha_h \geq V_h$
跨国公司 (f) $\frac{\theta_f}{\theta_f+\theta_h}\beta_f \leq V_f$ $\frac{\theta_f}{\theta_f+\theta_h}\alpha_f \leq V_f$	(N, N)	(N, N)	(N, I)	(N, I)
$\frac{\theta_f}{\theta_f+\theta_h}\beta_f \geq V_f$ $\frac{\theta_f}{\theta_f+\theta_h}\alpha_f \leq V_f$	(N, N)	(I, I) (N, N)	(γ_f, γ_h)	(I, I)
$\frac{\theta_f}{\theta_f+\theta_h}\beta_f \leq V_f$ $\frac{\theta_f}{\theta_f+\theta_h}\alpha_f \geq V_f$	(I, N)	(γ_f, γ_h)	(N, I) (I, N)	(N, I)
$\frac{\theta_f}{\theta_f+\theta_h}\beta_f \geq V_f$ $\frac{\theta_f}{\theta_f+\theta_h}\alpha_f \geq V_f$	(I, N)	(I, I)	(I, N)	(I, I)

首先来讨论组合（2，4）的情况。在组合（2，4）中，需要满足的条件是 $\frac{\theta_f}{\theta_f+\theta_h}\beta_f \geq V_f, \frac{\theta_f}{\theta_f+\theta_h}\alpha_f \leq V_f$ 且 $\frac{\theta_h}{\theta_f+\theta_h}\beta_h \geq V_h, \frac{\theta_h}{\theta_f+\theta_h}\alpha_h \geq V_h$，表示跨国公司和本土企业背叛的机会成本都大于它们的互动成本，但是，跨国公司的互动预期收益小于其互动成本，本土企业的互动预期收益大于其互动成本，在这种情况下，跨国公司和本土企业都会选择创新互动。虽然跨国公司的收益是小于成本的，但是它仍然会选择互动，这是因为它背叛的机会成本大于互动成本，如果它选择背叛，而其他公司选择与其合作的公司进行创新互动，那么它在这个过程中会有更大的损失，因此，哪怕是在创新互动中会有亏损，它还是会选择互动。

组合（4，2）和组合（2，4）的情况是相同的，通过同样的分析，可以得出哪怕本土企业在选择互动的策略时会有亏损，但是为了避免更大的机会成本，本土企业也会选择互动。

命题 4.4　当跨国公司和本土企业的背叛机会成本大于互动成本时，它们就会选择创新互动。

在组合（4，4）中，需要满足的条件是 $\frac{\theta_f}{\theta_f+\theta_h}\beta_f \geqslant V_f$，$\frac{\theta_f}{\theta_f+\theta_h}\alpha_f \geqslant V_f$ 且 $\frac{\theta_h}{\theta_f+\theta_h}\beta_h \geqslant V_h$，$\frac{\theta_h}{\theta_f+\theta_h}\alpha_h \geqslant V_h$，表示跨国公司和本土企业背叛的机会成本都大于它们的互动成本，并且，它们的互动预期收益都大于它们的互动成本，在这种情况下，跨国公司和本土企业都会选择创新互动。这种情况符合传统的成本收益理论，当企业能看到互动的潜在收益时，都会选择创新互动。

命题 4.5 当跨国公司和本土企业的背叛机会成本大于互动成本，它们的互动预期收益大于互动成本时，它们就会选择创新互动。

组合（2，2）是一种特殊情况，在这种情况下，跨国公司和本土企业的最优策略有两种，就是都进行互动，或者都选择背叛。在此情景下的条件是 $\frac{\theta_f}{\theta_f+\theta_h}\beta_f \geqslant V_f$，$\frac{\theta_f}{\theta_f+\theta_h}\alpha_f \leqslant V_f$ 且 $\frac{\theta_h}{\theta_f+\theta_h}\beta_h \geqslant V_h$，$\frac{\theta_h}{\theta_f+\theta_h}\alpha_h \leqslant V_h$，表示跨国公司和本土企业的背叛机会成本都大于互动成本，但是它们互动的预期收益都小于互动成本，这时，一个公司的互动策略取决于另一个公司的选择。背叛的机会成本大于互动成本，这个因素会激励公司选择互动，但是互动的预期收益小于互动成本，又会阻止公司选择互动。在这种情况下，两家公司会选择两个战略，都进行互动或者都选择背叛，体现出了两个平衡。作为企业面对这样矛盾的激励（预期收益和机会成本的影响），其最优的互动策略不是简单地根据预期收益选择是否互动。在一个竞争的市场中，作为两个生产类似产品的跨国公司和本土企业，一个公司创新互动的决定将对另一个公司有直接的借鉴意义，特别是考虑到后者可能会承担高机会成本，如果一个公司选择创新互动，那么另一个公司也会选择创新互动。然而，如果一个公司为了避免由于创新互动而得到的净亏损（预期收益小于互动成本），不选择创新互动，那么另一个公司也会做出相同的选择，在这种情况下，两家公司都不考虑机会成本。

命题 4.6 当跨国公司和本土企业的背叛机会成本都大于互动成本，而互动的预期收益小于互动成本时，它们会同时选择互动或者背叛。

以上的三个命题从成本收益逻辑分析的结果和"囚徒困境"框架下的分析结果一致。

（2）混合策略均衡。最后讨论组合（3，2）和（2，3），在本书中，主要讨论组合（3，2），组合（2，3）也可以得出相同的结论。

在组合（3，2）的情景下，$\frac{\theta_f}{\theta_f+\theta_h}\beta_f \leqslant V_f \leqslant \frac{\theta_f}{\theta_f+\theta_h}\alpha_f$ 且 $\frac{\theta_h}{\theta_f+\theta_h}\alpha_h \leqslant V_h \leqslant$

$\frac{\theta_h}{\theta_f+\theta_h}\beta_h$,跨国公司的互动预期收益大于互动成本,并且它的背叛机会成本小于互动成本,本土企业的条件则刚好相反,它的互动预期收益小于互动成本,并且它的背叛机会成本大于互动成本,根据式(4.14)可知跨国公司与本土企业之间的信任程度 λ_i 受到 $\alpha_f,\beta_f,\alpha_h,\beta_h,\theta_f$ 和 θ_h 的影响,接下来将分别对 $\alpha_f,\beta_f,\alpha_h,\beta_h,\theta_f$ 和 θ_h 6 个因素进行讨论,并且借鉴 Park 和 Zhou(2005)中的相关参数设置,使用 MATLAB 7.0 进行数值试验。本节分别对各个参数的设置为:$\alpha_f=150;\beta_f=70;V_f=45;\theta_f=2000;\alpha_h=90;\beta_h=140;V_h=45;\theta_h=1500$。

命题 4.7 当跨国公司的激励因素符合条件 $\frac{\theta_f}{\theta_f+\theta_h}\beta_f \leq V_f \leq \frac{\theta_f}{\theta_f+\theta_h}\alpha_f$,本土企业的激励因素符合条件 $\frac{\theta_h}{\theta_f+\theta_h}\alpha_h \leq V_h \leq \frac{\theta_h}{\theta_f+\theta_h}\beta_h$ 时,

$$\frac{\mathrm{d}\gamma_h}{\mathrm{d}\alpha_f}=\frac{(\theta_f+\theta_h)V_f-\theta_f\beta_f}{\theta_f(\beta_f-\alpha_f)^2}>0$$

$$\frac{\mathrm{d}\gamma_f}{\mathrm{d}\alpha_h}=\frac{(\theta_f+\theta_h)V_h-\theta_h\beta_h}{\theta_h(\beta_h-\alpha_h)^2}<0$$

通过数值试验,由图 4.3 可知,本土企业的互动概率与跨国公司互动预期收益成正比,而跨国公司的互动概率与本土企业的互动预期收益成反比。此时,跨国公司的互动预期收益大于它的互动成本,而它的背叛机会成本却小于它的互动成本,根据这一条件,本土企业随着跨国公司获得的互动预期收益的增加,对和跨国公司进行互动创新更有信心,因此会倾向于进行创新互动。相反,在本土企业的互动预期收益小于它的互动成本,而它的背叛机会成本却大于它的互动成本时,根据这一条件,跨国公司随着本土企业互动预期收益的增加,更倾向于在互动中选择背叛策略,这是由于本土企业在收益增加时,肯定会选择创新互动,这时,跨国公司的背叛机会成本小于它的互动成本,跨国公司可以吸收本土企业的技术溢出,选择自主创新,能够比选择互动策略获得更多的收益。

命题 4.8 当跨国公司的激励因素符合条件 $\frac{\theta_f}{\theta_f+\theta_h}\beta_f \leq V_f \leq \frac{\theta_f}{\theta_f+\theta_h}\alpha_f$,本土企业的激励因素符合条件 $\frac{\theta_h}{\theta_f+\theta_h}\alpha_h \leq V_h \leq \frac{\theta_h}{\theta_f+\theta_h}\beta_h$ 时,

$$\frac{\mathrm{d}\gamma_h}{\mathrm{d}\beta_f}=-\frac{(\theta_f+\theta_h)V_f-\theta_f\alpha_f}{\theta_f(\beta_f-\alpha_f)^2}>0$$

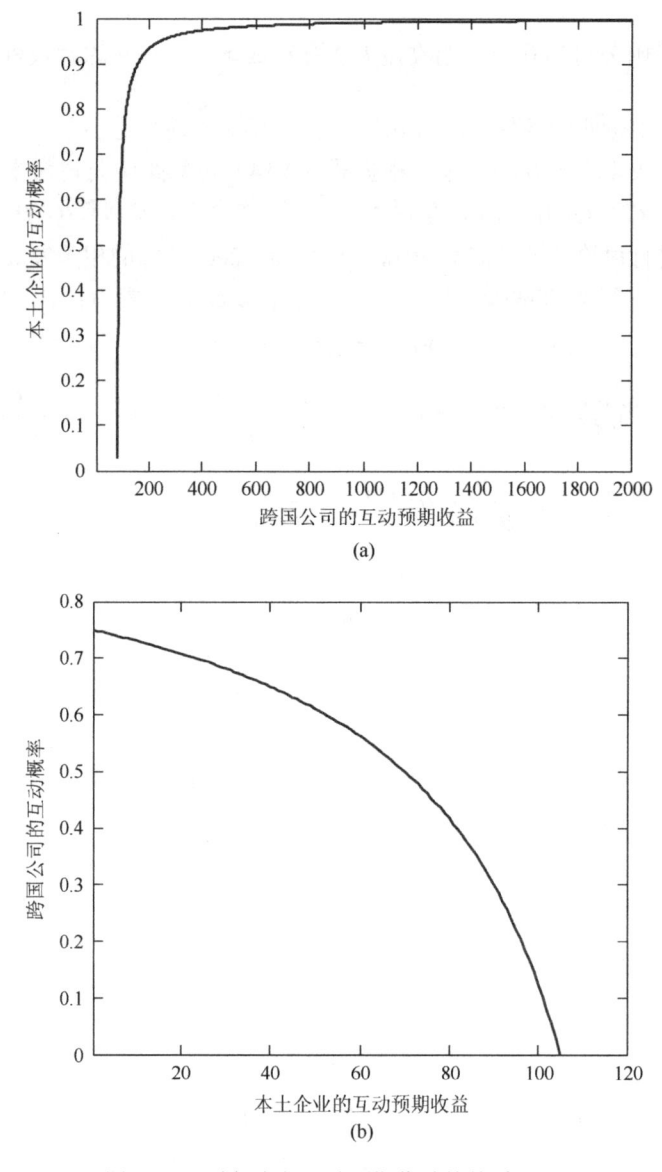

图 4.3 互动概率与互动预期收益的关系（1）

$$\frac{\mathrm{d}\gamma_f}{\mathrm{d}\beta_h} = -\frac{(\theta_f + \theta_h)V_h - \theta_h \alpha_h}{\theta_h (\beta_h - \alpha_h)^2} < 0$$

通过数值试验，由图 4.4 可知，本土企业的互动概率与跨国公司互动背叛的机会成本成正比，而跨国公司的互动概率与本土企业互动背叛的机会成本成反比。此时，跨国公司的互动预期收益大于它的互动成本，而它的背叛机会成本却小于它的互动成本，根据这一条件，本土企业随着跨国公司背叛机会成本的增加而倾向于创新互动,这是由于当跨国公司选择背叛时,需要付出过多代价,跨国公司肯定会选择创新互动,那么,本土企业也选择互动将能获得更多的收益;跨国公司也会做出相同的反应,因此两个企业都会选择创新互动策略。

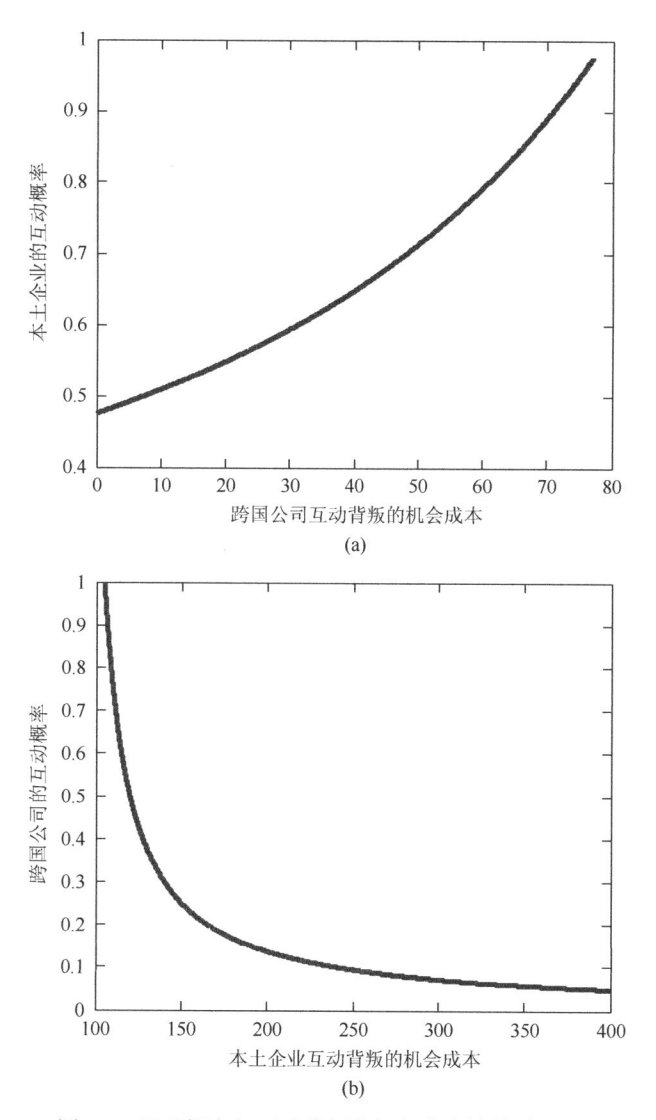

图 4.4 互动概率与互动背叛的机会成本的关系(1)

命题 4.9 当跨国公司的激励因素符合条件 $\dfrac{\theta_f}{\theta_f+\theta_h}\beta_f \leqslant V_f \leqslant \dfrac{\theta_f}{\theta_f+\theta_h}\alpha_f$,本土企业的激励因素符合条件 $\dfrac{\theta_h}{\theta_f+\theta_h}\alpha_h \leqslant V_h \leqslant \dfrac{\theta_h}{\theta_f+\theta_h}\beta_h$ 时,

$$\frac{\mathrm{d}\gamma_h}{\mathrm{d}V_f} = \frac{\theta_f + \theta_h}{\theta_f(\beta_f - \alpha_f)} < 0$$

$$\frac{\mathrm{d}\gamma_f}{\mathrm{d}V_h} = \frac{\theta_f + \theta_h}{\theta_h(\beta_h - \alpha_h)} > 0$$

通过数值试验，由图 4.5 可知，本土企业的互动概率与跨国公司的互动成本成反比，而跨国公司的互动概率与本土企业的互动成本成正比。本土企业会随着跨国公司的互动成本的增加，而选择进行模仿创新，这是因为当跨国公司的互动

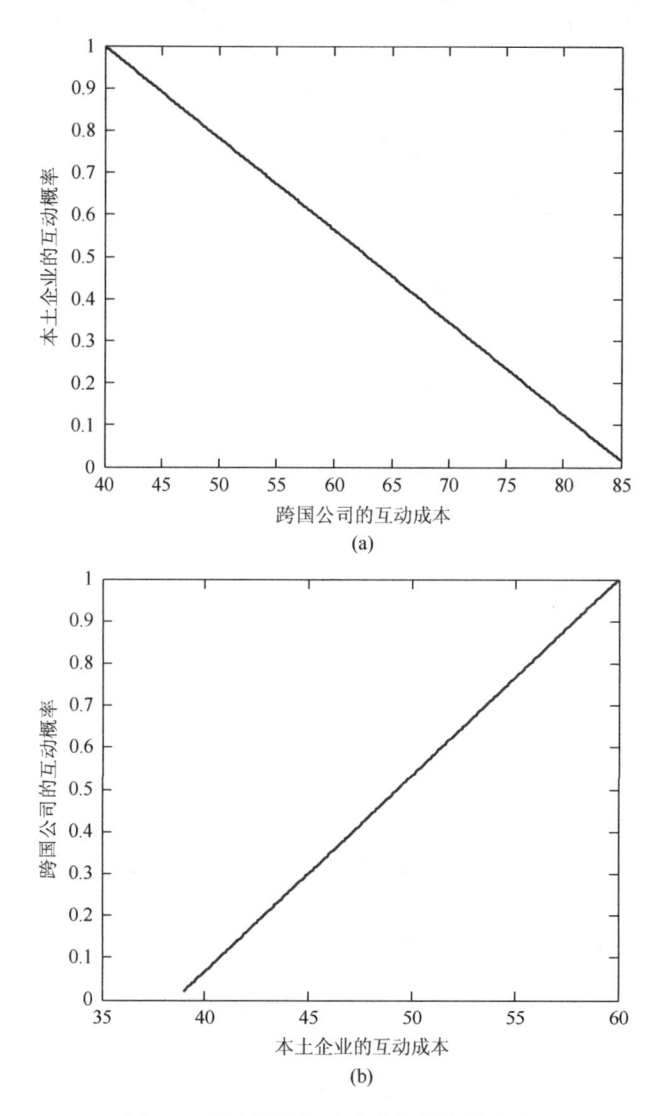

图 4.5 互动概率与互动成本的关系（1）

成本增加时,表示跨国公司在互动中需要付出太多的代价,那么本土企业也就选择模仿,而不进行互动。跨国公司随着本土企业的互动成本的增加选择互动,这是由于本土企业增加互动成本使得跨国公司认为本土企业非常有意愿进行互动,那么跨国公司也会选择互动策略。

命题 4.10 当跨国公司的激励因素符合条件 $\frac{\theta_f}{\theta_f+\theta_h}\beta_f \leqslant V_f \leqslant \frac{\theta_f}{\theta_f+\theta_h}\alpha_f$,本土企业的激励因素符合条件 $\frac{\theta_h}{\theta_f+\theta_h}\alpha_h \leqslant V_h \leqslant \frac{\theta_h}{\theta_f+\theta_h}\beta_h$ 时,

$$\frac{d\gamma_h}{d\theta_f}=-\frac{\theta_h V_f}{\theta_f^2(\beta_f-\alpha_f)}>0, \quad \frac{d\gamma_f}{d\theta_h}=-\frac{\theta_f V_f}{\theta_h^2(\beta_f-\alpha_f)}<0$$

$$\frac{d\gamma_h}{d\theta_h}=\frac{V_f}{\theta_f(\beta_f-\alpha_f)}<0, \quad \frac{d\gamma_f}{d\theta_f}=\frac{V_h}{\theta_h(\beta_h-\alpha_h)}>0$$

根据图 4.6 可知,本土企业的互动概率与跨国公司的企业规模成正比,跨国公司的企业规模越大,本土企业越倾向于与其合作进行创新互动,这是由于跨国公司往往伴随着先进的技术,而跨国公司的企业规模越大,企业的专利技术相对越多,就能吸引本土企业与其合作进行创新互动。但是跨国公司的互动概率却与本土企业的企业规模成反比,这是由本土企业和跨国公司的企业特性决定的,因为本土企业的规模越大,表示本土企业的技术越成熟,创新能力越强,而跨国公司原本技术领先的地位将会通过创新互动而有可能被本土企业赶超,毕竟两个企业是存在于现实的竞争环境下的,所以跨国公司反而因为本土企业的规模越大,越不倾向于进行互动策略。

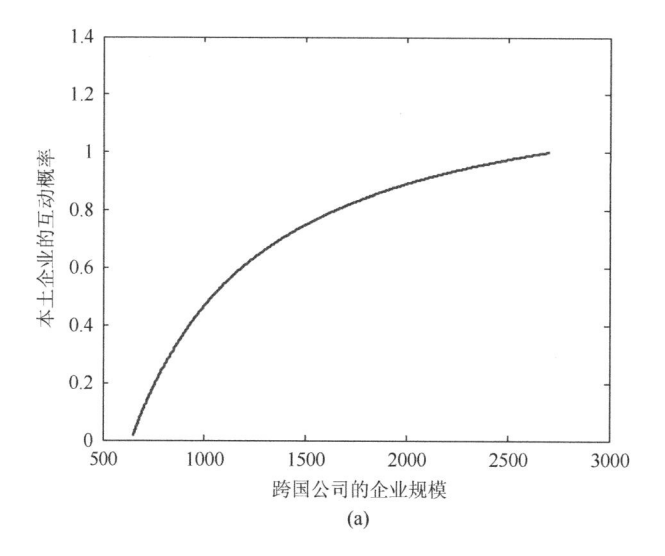

(a)

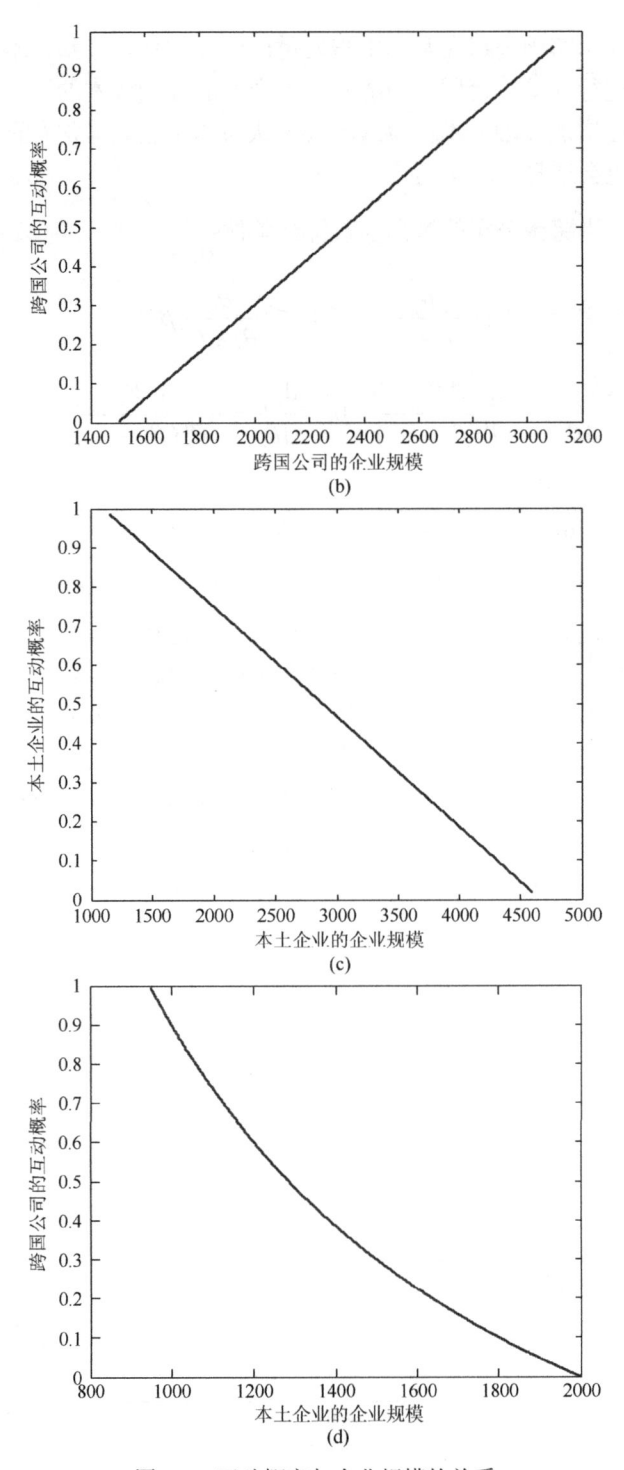

图 4.6 互动概率与企业规模的关系

跨国公司的企业规模与它的互动概率成正比，跨国公司在互动中往往占据了主动的位置，自身的企业规模越大，跨国公司认为自己在互动中的收益也得到了保障，因此，跨国公司会倾向于互动。而本土企业的互动概率与其自身的企业规模成反比，这是由于当本土企业自身的规模足够大时，自身的创新能力就比较强，而跨国公司与本土企业的竞争市场是在中国，本土企业会更倾向于进行自主创新和模仿创新，以防知识外溢，所以本土企业会倾向于不进行互动策略。

2. 履约阶段的博弈分析

1）模型的构建

根据4.2.1节中讨论的结果，下面主要分析当跨国公司与本土企业已经达成合作关系时，即契约建立后的创新互动策略。跨国公司与本土企业在创新互动过程中会投入一定的互动成本，也会获得一定的收益，并且信息不对称的两个公司之间会产生信任问题，基于这些因素的考虑，本书对跨国公司与本土企业创新互动的相关假设如下。

假设4.5 市场上只有一个跨国公司（f）和一个本土企业（h），两个企业都是完全理性的。

假设4.6 双方在创新互动过程中，跨国公司获得的收益为$F_f(fh)$，本土企业获得的收益为$F_h(fh)$；当跨国公司选择背叛，不进行互动，本土企业选择互动时，跨国公司的收益为$F_f(h)$，本土企业的收益为$F_h(h)$；反之，当本土企业选择背叛，而跨国公司选择互动时，跨国公司的收益为$F_f(f)$，本土企业的收益为$F_h(f)$；当两个企业都选择背叛，不存在互动行为时，跨国公司的收益为$F_f(0)$，本土企业的收益为$F_h(0)$。

假设4.7 企业选择互动需要投资的成本为V_i（$i=f$或h）。

假设4.8 两个企业之间的信任程度为：跨国公司对本土企业的信任程度为p_f，本土企业对跨国公司的信任程度为p_h。企业在互动中的互动成本为p_iV_i。

假设4.9 基于上述假设，当只有一个公司采取行动进行互动时，互动的预期收益是$F_i(i)-F_i(0)$，$i=f$或h，用α_i表示企业i单方面的互动收益，即$\alpha_f=F_f(f)-F_f(0)$；$\alpha_h=F_h(h)-F_h(0)$。

假设4.10 当一个公司选择互动时，另一个公司也会选择互动来减少自己选择背叛而造成的这部分损失，本书定义为机会成本。跨国公司单方面在互动中选择背叛时的机会成本是$F_f(fh)-F_f(h)$，本土企业背叛的机会成本是$F_h(fh)-F_h(f)$。用参数β_i表示公司i背叛的机会成本，即$\beta_f=F_f(fh)-F_f(h)$；$\beta_h=F_h(fh)-F_h(f)$。

根据上述假设，得到的博弈矩阵见表4.5。

表 4.5　基于"囚徒困境"的创新互动博弈矩阵

		本土企业（h）	
		互动（I）	背叛（N）
跨国公司（f）	互动（I）	$F_f(fh)-p_fV_f$ $F_h(fh)-p_hV_h$	$F_f(f)-p_fV_f$ $F_h(f)$
	背叛（N）	$F_f(h)$ $F_h(h)-p_hV_h$	$F_f(0)$ $F_h(0)$

注：在表 4.5 的每格中跨国公司的预期利润在前，本土企业的预期利润在后

2）均衡分析

（1）纯策略均衡分析。下面分析在这个复杂情境下的纳什均衡。先从纯策略均衡分析开始，然后分析混合策略均衡。两个公司都进行创新互动的纯策略是 (I, I)，满足以下条件：

$$F_f(fh)-p_fV_f \geqslant F_f(h)$$
$$F_h(fh)-p_hV_h \geqslant F_h(f)$$

上述不等式可以简化为

$$\beta_f \geqslant p_fV_f, \quad \beta_h \geqslant p_hV_h \tag{4.15}$$

换言之，当跨国公司和本土企业都发现自己如果在互动过程中单方面背叛造成的机会成本大于互动成本时，就存在两个公司都选择互动的均衡。

同理，跨国公司选择互动，而本土企业选择背叛，即 (I, N)，满足以下条件：

$$F_f(f)-p_fV_f \geqslant F_f(0)$$
$$F_h(fh)-p_hV_h \geqslant F_h(f)$$

这是一个纯策略，简化得

$$\alpha_f \geqslant p_fV_f, \quad \beta_h \leqslant p_hV_h \tag{4.16}$$

该均衡结果表示如果跨国公司发现其互动预期收益大于互动的成本，跨国公司会选择互动，而本土企业发现其互动中背叛的机会成本小于互动的成本，本土企业会选择在互动中背叛跨国公司，这样就只存在跨国公司选择创新互动。

同理，当本土企业的互动预期收益大于其投资成本，而跨国公司的背叛机会成本小于其互动的成本时，就只有本土企业选择互动的纯策略均衡，即 (N, I)，满足以下条件：

$$\alpha_h \geqslant p_hV_h, \quad \beta_f \leqslant p_fV_f \tag{4.17}$$

最后，当跨国公司和本土企业的互动预期收益都小于它们的互动成本时，没有公司选择互动，即 (N, N)，作为纯策略均衡，满足以下条件：

$$\alpha_f \leqslant p_fV_f, \quad \alpha_h \leqslant p_hV_h \tag{4.18}$$

这些结果表明,如果企业互动的预期收益小于互动的成本,公司将选择背叛,不进行互动。也就是说,当一个公司看不到任何通过创新互动带来的潜在收益时,它将不会进行创新互动。式(4.18)符合传统的成本收益逻辑,指出当互动的成本大于收益时,跨国公司与本土企业都不会选择进行创新互动。然而,不仅要考虑传统的成本收益的关系,公司创新互动的选择直接受到互动的机会成本影响,由式(4.15)可知。

(2)混合策略均衡分析。当 $\alpha_f \geq p_f V_f, \beta_f \leq p_f V_f$ 且 $\alpha_h \leq p_h V_h, \beta_h \geq p_h V_h$,或者 $\alpha_h \geq p_h V_h, \beta_h \leq p_h V_h$ 且 $\alpha_f \leq p_f V_f, \beta_f \geq p_f V_f$ 时,本书将公司 i 进行互动的概率设为 γ_i,$\gamma_i \in [0,1]$,将 γ_f 表示跨国公司的互动概率,本土企业互动概率则为 γ_h,得出以下等式:

$$\gamma_f [F_h(fh) - p_h V_h] + (1-\gamma_f)[F_h(h) - p_h V_h]$$
$$= \gamma_f F_h(f) + (1-\gamma_f) F_h(0)$$

同理,本土企业选择互动,对跨国公司的信任程度为 γ_h,跨国公司做出任何选择都不重要。进行如下数值分析,即

$$\gamma_h [F_f(fh) - p_f V_f] + (1-\gamma_h)[F_f(f) - p_f V_f]$$
$$= \gamma_h F_f(h) + (1-\gamma_h) F_f(0)$$

通过上述两个等式可得

$$\gamma_f = \frac{p_h V_h - [F_h(h) - F_h(0)]}{[F_h(fh) - F_h(f)] - [F_h(h) - F_h(0)]}$$

$$\gamma_h = \frac{p_f V_f - [F_f(f) - F_f(0)]}{[F_f(fh) - F_f(h)] - [F_f(f) - F_f(0)]}$$

简化得

$$\gamma_f = \frac{p_h V_h - \alpha_h}{\beta_h - \alpha_h}, \quad \gamma_h = \frac{p_f V_f - \alpha_f}{\beta_f - \alpha_f} \qquad (4.19)$$

从上述等式中可知,在混合策略中,一个公司根据另一个公司选择互动的行为决定是否进行互动,换言之,一个公司将另一个公司的付出作为在混合策略中选择互动的考虑因素。上述混合策略均衡的结果,表明跨国公司或者本土企业进行互动的概率取决于另一方的各个参数和互动的不确定性。

3)策略选择

(1)纯策略均衡分析。根据 $\alpha_f, \beta_f, p_f, \alpha_h, \beta_h$ 和 p_h 6个参数值的变化组合,表4.6总结了各个情况下最佳的策略均衡。本书重点讨论跨国公司和本土企业都选择创新互动的均衡策略,首先来讨论两个公司都选择互动的纯策略均衡。在表4.6中,两个公司都选择互动的均衡有:(2,2)、(2,4)、(4,2)和(4,4)。

表 4.6　不同条件下的最佳均衡策略

回报结构		本土企业（h）			
		$\beta_h \leqslant p_h V_h$ $\alpha_h \leqslant p_h V_h$	$\beta_h \geqslant p_h V_h$ $\alpha_h \leqslant p_h V_h$	$\beta_h \leqslant p_h V_h$ $\alpha_h \geqslant p_h V_h$	$\beta_h \geqslant p_h V_h$ $\alpha_h \geqslant p_h V_h$
跨国公司（f）	$\beta_f \leqslant p_f V_f$ $\alpha_f \leqslant p_f V_f$	(N, N)	(N, N)	(N, I)	(N, I)
	$\beta_f \geqslant p_f V_f$ $\alpha_f \leqslant p_f V_f$	(N, N)	(I, I) (N, N)	(γ_f, γ_h)	(I, I)
	$\beta_f \leqslant p_f V_f$ $\alpha_f \geqslant p_f V_f$	(I, N)	(γ_f, γ_h)	(N, I) (I, N)	(N, I)
	$\beta_f \geqslant p_f V_f$ $\alpha_f \geqslant p_f V_f$	(I, N)	(I, I)	(I, N)	(I, I)

首先来讨论组合（2，4）的情况。在组合（2，4）中，需要满足的条件是 $\beta_f \geqslant p_f V_f$，$\alpha_f \leqslant p_f V_f$ 且 $\beta_h \geqslant p_h V_h$，$\alpha_h \geqslant p_h V_h$，表示跨国公司和本土企业背叛的机会成本都大于它们的互动成本，但是，跨国公司的互动预期收益小于其互动成本，本土企业的互动预期收益大于其互动成本，在这种情况下，跨国公司和本土企业都会选择创新互动。虽然跨国公司的收益是小于成本的，但是它仍然会选择互动，这是因为它背叛的机会成本大于互动成本，如果它选择背叛，而其他公司选择与其合作的公司进行创新互动，那么它在这个过程中会有更大的损失，因此，哪怕是在创新互动中会有亏损，它还是会选择互动。

组合（4，2）和组合（2，4）的情况是相同的，通过同样的分析，可以得出哪怕本土企业在选择互动的策略时会有亏损，但是为了避免更大的机会成本，本土企业也会选择互动。

命题 4.11　当跨国公司和本土企业的背叛机会成本大于互动成本时，它们就会选择创新互动。

在组合（4，4）中，需要满足的条件是 $\beta_f \geqslant p_f V_f$，$\alpha_f \geqslant p_f V_f$ 且 $\beta_h \geqslant p_h V_h$，$\alpha_h \geqslant p_h V_h$，表示跨国公司和本土企业背叛的机会成本都大于它们的互动成本，并且，它们的互动预期收益都大于它们的互动成本，在这种情况下，跨国公司和本土企业都会选择创新互动。这种情况符合传统的成本收益理论，当企业能看到互动的潜在收益时，都会选择创新互动。

命题 4.12　当跨国公司和本土企业的背叛机会成本大于互动成本，它们的互动预期收益大于互动成本时，它们就会选择创新互动。

组合（2，2）是一种特殊情况，在这种情况下，跨国公司和本土企业的最优策略有两种，就是都进行互动，或者都选择背叛。在此情景下的条件是 $\beta_f \geqslant p_f V_f$，$\alpha_f \leqslant p_f V_f$ 且 $\beta_h \geqslant p_h V_h$，$\alpha_h \leqslant p_h V_h$，表示跨国公司和本土企业的背叛机会成本都大于互动成本，但是它们互动的预期收益都小于互动成本，这时，一个公司的互动策略取决于另一个公司的选择。背叛的机会成本大于互动成本，这个因素会激励公司选择互动，但是互动的预期收益小于互动成本，又会阻止公司选择互动。在这种情况下，两家公司会选择两个战略，都进行互动或者都选择背叛，体现出了两个平衡。企业面对这样矛盾的激励（预期收益和机会成本的影响），其最优的互动策略不是简单地根据预期收益选择是否互动。在一个竞争的市场中，作为两个生产类似产品的跨国公司和本土企业，一个公司创新互动的决定将对另一个公司有直接的借鉴意义，特别是考虑到后者可能会承担高机会成本。因此，考虑到高机会成本，如果一个公司选择创新互动，那么另一个公司也会选择创新互动。然而，如果一个公司为了避免由于创新互动而得到的净亏损（预期收益小于互动成本），不选择创新互动，那么另一个公司也会做出相同的选择，在这种情况下，两家公司都不考虑机会成本。

命题 4.13　当跨国公司和本土企业的背叛机会成本都大于互动成本，而互动的预期收益小于互动成本时，它们会同时选择互动或者背叛。

（2）混合策略均衡分析。最后来讨论组合（3，2）和（2，3），在本书中，主要讨论组合（3，2），组合（2，3）也可以得出相同的结论。

在组合（3，2）的情景下，$\beta_f \leqslant p_f V_f \leqslant \alpha_f$ 且 $\alpha_h \leqslant p_h V_h \leqslant \beta_h$，跨国公司的互动预期收益大于互动成本，并且它的背叛机会成本小于互动成本，本土企业的条件则刚好相反，它的互动预期收益小于互动成本，并且它的背叛机会成本大于互动成本，根据式（4.19）可知跨国公司与本土企业互动的概率受到 p_i、α_i、β_i 和 V_i 的影响，接下来将分别对 p_i、α_i、β_i 和 V_i 四个因素进行讨论，分析这四个因素各自的变化对跨国公司和本土企业互动选择的影响，并且借鉴 Park 和 Zhou（2005）中的相关参数设置进行数值试验：$\alpha_f = 60; \beta_f = 40; p_f = 1.5; V_f = 30; \alpha_h = 40; \beta_h = 60; p_h = 1.5; V_h = 30$。

命题 4.14　当跨国公司的激励因素符合条件 $\beta_f \leqslant p_f V_f \leqslant \alpha_f$，本土企业的激励因素符合条件 $\alpha_h \leqslant p_h V_h \leqslant \beta_h$ 时，

$$\frac{\mathrm{d}\gamma_h}{\mathrm{d}\alpha_f} = \frac{p_f V_f - \beta_f}{(\beta_f - \alpha_f)^2} > 0$$

$$\frac{\mathrm{d}\gamma_f}{\mathrm{d}\alpha_h} = \frac{p_h V_h - \beta_h}{(\beta_h - \alpha_h)^2} < 0$$

通过数值试验，由图 4.7 可知，本土企业的互动概率与跨国公司的互动预期收益成正比，而跨国公司的互动概率与本土企业的互动预期收益成反比。此时，跨国公司的互动预期收益大于它的互动成本，而它的背叛机会成本却小于它的互动成本，根据这一条件，本土企业随着跨国公司获得的互动预期收益的增加，对和跨国公司

进行互动创新更有信心，因此会倾向于进行创新互动。相反，在本土企业的互动预期收益小于它的互动成本，而它的背叛机会成本却大于它的互动成本时，根据这一条件，跨国公司将做出与本土企业相反的反应，随着本土企业互动预期收益的增加，更倾向于在互动中选择背叛策略，这是由于本土企业在收益增加时，肯定会选择创新互动，这时，跨国公司的背叛机会成本小于它的互动成本，跨国公司可以吸收本土企业的技术溢出，选择自主创新，能够比选择互动策略获得更多的收益。

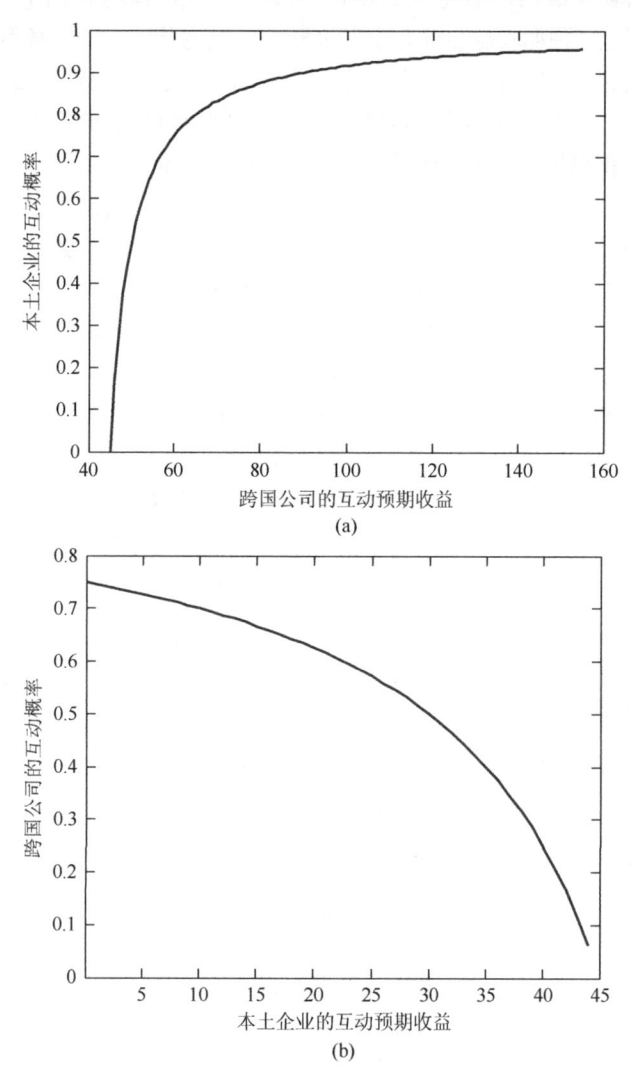

图 4.7 互动概率与互动预期收益的关系（2）

命题 4.15 当跨国公司的激励因素符合条件 $\beta_f \leqslant p_f V_f \leqslant \alpha_f$，本土企业的激励因素符合条件 $\alpha_h \leqslant p_h V_h \leqslant \beta_h$ 时，

$$\frac{\mathrm{d}\gamma_h}{\mathrm{d}\beta_f} = -\frac{p_f V_f - \alpha_f}{(\beta_f - \alpha_f)^2} > 0$$

$$\frac{\mathrm{d}\gamma_f}{\mathrm{d}\beta_h} = -\frac{p_h V_h - \alpha_h}{(\beta_h - \alpha_h)^2} < 0$$

通过数值试验，由图 4.8 可知，本土企业的互动概率与跨国公司互动背叛的机会成本成正比，而跨国公司的互动概率与本土企业互动背叛的机会成本成反比。此时，跨国公司的互动预期收益大于它的互动成本，而它的背叛机会成本却小于

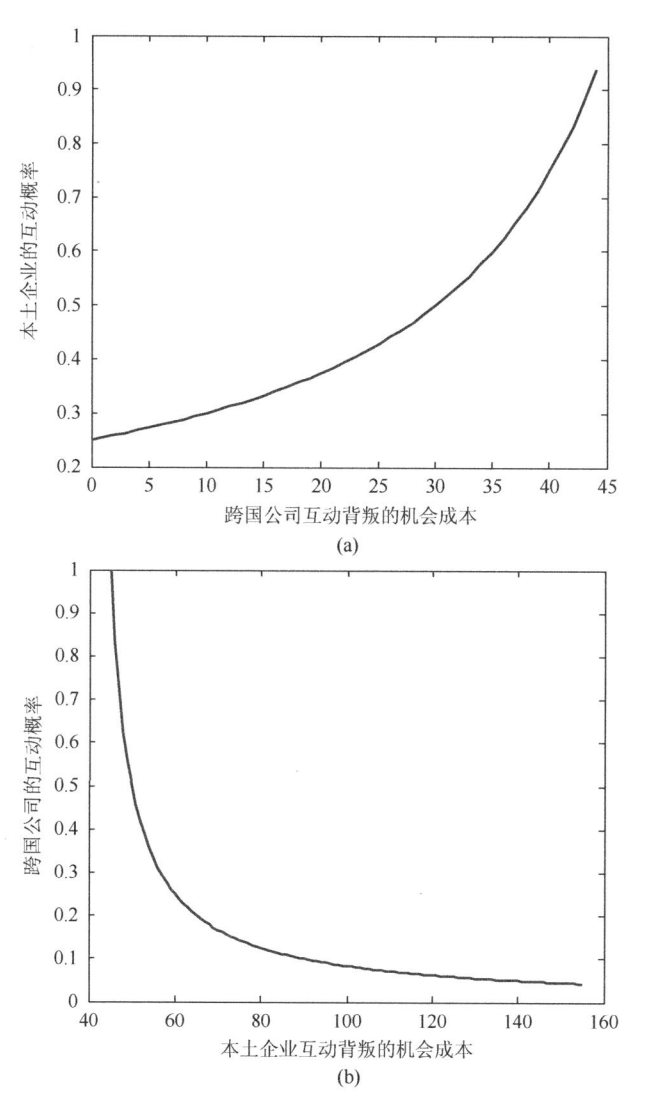

图 4.8 互动概率与互动背叛的机会成本的关系（2）

它的互动成本，根据这一条件，本土企业随着跨国公司背叛机会成本的增加而倾向于创新互动，这是由于当跨国公司选择背叛时，需要付出过多代价，跨国公司肯定会选择创新互动，那么，本土企业也选择互动将能获得更多的收益。相反，在本土企业的互动预期收益小于它的互动成本，而它的背叛机会成本却大于它的互动成本时，根据这一条件，跨国公司将做出与本土企业相反的反应，跨国公司会随着本土企业背叛机会成本的减少，更倾向于选择背叛，这是由于本土企业背叛机会成本越少，本土企业会更倾向于背叛，那么，此时跨国公司如果选择互动，将会由于本土企业吸收它的技术而遭受潜在的损失，因此，跨国公司也倾向于选择背叛。

命题 4.16 当跨国公司的激励因素符合条件 $\beta_f \leqslant p_f V_f \leqslant \alpha_f$，本土企业的激励因素符合条件 $\alpha_h \leqslant p_h V_h \leqslant \beta_h$ 时，

$$\frac{\mathrm{d}\gamma_h}{\mathrm{d}V_f} = \frac{p_f}{\beta_f - \alpha_f} < 0$$

$$\frac{\mathrm{d}\gamma_f}{\mathrm{d}V_h} = \frac{p_h}{\beta_h - \alpha_h} > 0$$

通过数值试验，由图 4.9 可知，本土企业的互动概率与跨国公司的互动成本成反比，而跨国公司的互动概率与本土企业的互动成本成正比。此时，跨国公司的互动预期收益大于它的互动成本，而它的背叛机会成本却小于它的互动成本，根据这一条件，本土企业随着跨国公司的互动成本增加而减少互动的倾向，这是因为跨国公司在创新互动中投入得越多，本土企业越会考虑自身的收益受到跨国公司的挤压，所以本土企业面对跨国公司互动成本的增加反而更倾向于选择背叛。相反，跨国公司却会受到本土企业互动成本的正向影响，这是因为如果本土企业愿意投入更多的成本，那么它的互动意愿肯定更加强烈，会增加合作方的互动信心，所以都会倾向互动策略。

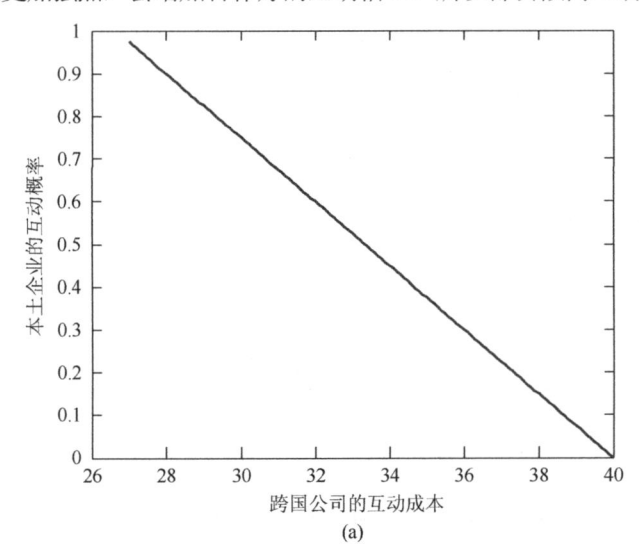

(a)

(b)

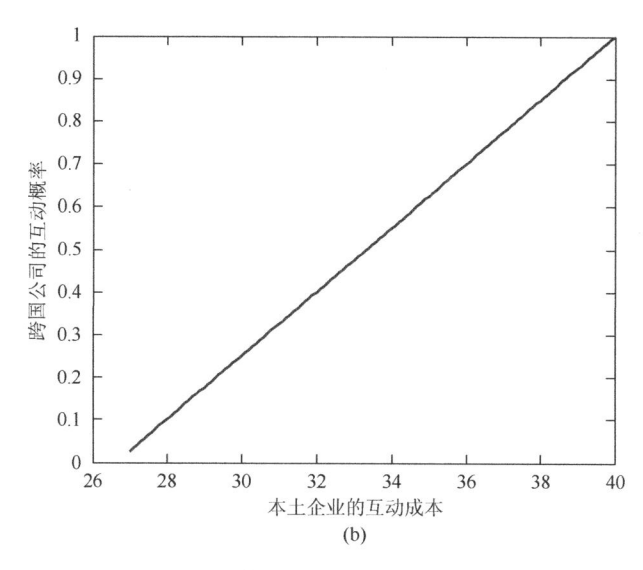

图 4.9　互动概率与互动成本的关系（2）

命题 4.17　当跨国公司的激励因素符合条件 $\beta_f \leqslant p_f V_f \leqslant \alpha_f$，本土企业的激励因素符合条件 $\alpha_h \leqslant p_h V_h \leqslant \beta_h$ 时，

$$\frac{\mathrm{d}\gamma_h}{\mathrm{d}p_f} = \frac{V_f}{\beta_f - \alpha_f} < 0$$

$$\frac{\mathrm{d}\gamma_f}{\mathrm{d}p_h} = \frac{V_h}{\beta_h - \alpha_h} > 0$$

通过数值试验，由图 4.10 可知，本土企业的互动概率与跨国公司对本土企业的信任程度成反比，而跨国公司的互动概率却与本土企业对跨国公司的信任程度成正比。当跨国公司对本土企业的信任程度小于跨国公司的收益率（互动收益与互动成本的比值），并且大于跨国公司的背叛机会成本与互动成本的比值时，跨国公司对本土企业越信任，本土企业就越存在侥幸心理，反而不愿意与跨国公司进行互动。而跨国公司的互动概率刚好与本土企业的表现相反，当本土企业对跨国公司的信任程度小于本土企业的收益率，并且大于本土企业的背叛机会成本与互动成本的比值时，本土企业对跨国公司越信任，跨国公司就越倾向于进行创新互动。

4.2.3　两种情境下创新互动策略选择的比较分析

4.2.1 节和 4.2.2 节分别在"智猪博弈""囚徒困境"两种框架下对跨国公司与本土企业创新互动在缔约阶段和履约阶段的策略选择进行了分析，根据分析和讨论两种模型的结果，本书对这两种模型的结果进行比较，得出如下结果。

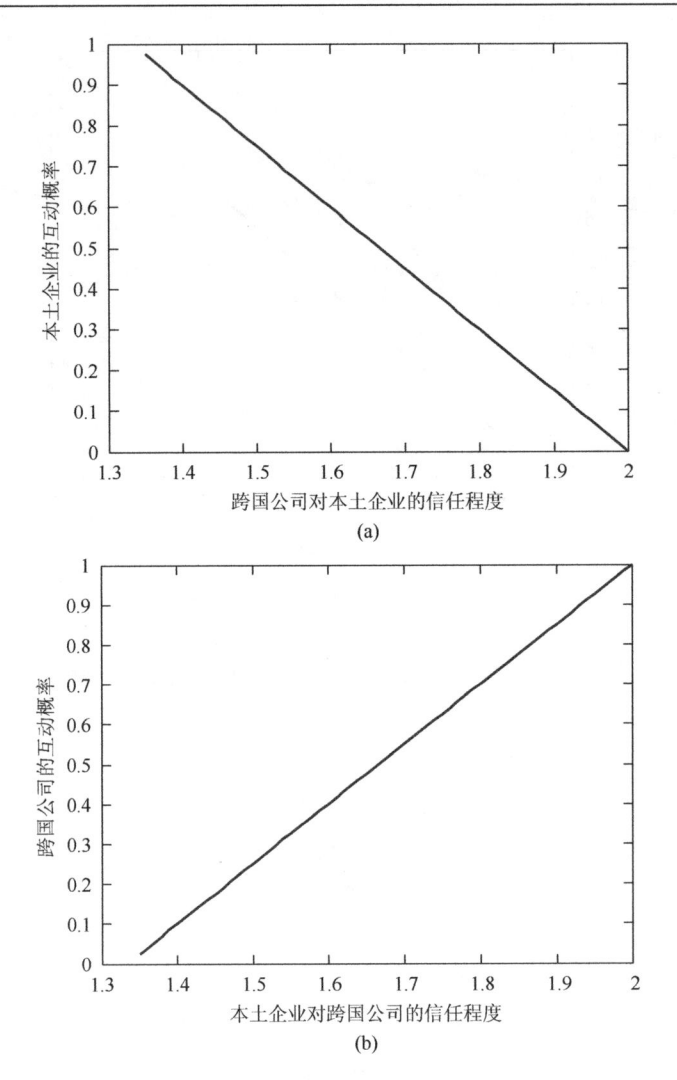

图 4.10　互动概率与信任程度的关系

1. 纯策略选择中机会成本的影响

两个博弈模型的纯策略命题结果是相同的。根据分析结果可知，跨国公司与本土企业在创新互动策略选择时，其选择行为除了受到传统的成本-收益理论的影响，企业背叛的机会成本在跨国公司与本土企业创新互动的策略选择中也起到了重要的作用。当背叛创新互动的机会成本大于互动成本时，无论预期收益大于互动成本还是小于互动成本，跨国公司与本土企业都会选择创新互动。互动的预期收益大于互动的成本，跨国公司与本土企业选择创新互动，这一结果很好理解，跨国公司与本土企业创新互动的根本目的就是获得收益，因此，无论在什么阶段，互动的预期收益大于互动的成本,企业能够获得更多的额外收益,跨国公司与本土企业都愿意进行创新互动。然而,另一个结果却值得深入思考,虽然企业的互动预期收益小于它的互动成本,跨国公司与本土企业的创新互动会使其入不敷出,但是跨国公司与本土企业仍然愿意选择进行创新互动,这是因为如果其中有一个公司选择背叛,而不进行互动,那么它将要承担与之合作的跨国公司或者本土企业选择与第三方进行创新互动的风险,在竞争激烈的市场环境中,这无疑对背叛的企业来说是一个很大的损失,所以背叛的机会成本对跨国公司与本土企业创新互动的策略选择有着很大影响。

2. 混合策略中成本收益的影响

根据跨国公司和本土企业创新互动策略选择的两个博弈模型结果,在混合策略的结果中,跨国公司与本土企业在契约建立前后,关于成本、收益和机会成本对跨国公司与本土企业策略选择的影响是相同的,见表4.7。

表 4.7 两个阶段中跨国公司与本土企业选择创新互动策略选择的条件

	跨国公司:互动预期收益>互动成本,互动的背叛机会成本<互动成本 本土企业:互动预期收益<互动成本,互动的背叛机会成本>互动成本	
缔约阶段	跨国公司:互动预期收益高 互动的背叛机会成本高 互动成本低	跨国公司:企业规模大 本土企业:企业规模小
履约阶段	本土企业:互动预期收益低 互动的背叛机会成本低 互动成本高	跨国公司:对本土企业的信任程度低 本土企业:对跨国公司的信任程度高

在跨国公司的互动预期收益高,互动的背叛机会成本高,而互动成本低的条件激励下,本土企业在建立契约前和建立契约后都更愿意进行创新互动。跨国公司高的互动预期收益可以激励本土企业的互动意向;跨国公司高的背叛机会成本可以使本土企业减少对跨国公司产生背叛行为的顾虑。在这种条件下,跨国公司是愿意进行创新互动的,因此可以增加本土企业互动的信心,也选择进行创新互动。

在本土企业的互动预期收益低,互动的背叛机会成本低,而互动成本高的条件激励下,跨国公司在建立契约前和建立契约后都愿意进行创新互动。讨论这组因素影响的前提是本土企业的互动预期收益小于互动成本,互动的背叛机会成本大于互动成本,本土企业互动预期收益低,从跨国公司的角度来看,自己能够通过互动获得比本土企业更多的收益,这反而激励了跨国公司进行互动;虽然本土企业的互动背叛机会成本是低的,但是再低也高于互动的成本,而本土企业的高互动成本使跨国公司确信本土企业不会轻易地在创新互动中选择背叛，因此，作为主动方的跨国公司，在这些条件的激励下，愿意选择创新互动策略。

3. 混合策略中企业规模和信任程度的影响

根据跨国公司和本土企业创新互动策略选择的两个博弈模型结果，在混合策略的结果中，企业规模和信任程度是两个模型中的特殊因素，分析其对跨国公司与本土企业策略选择的影响，见表 4.7。

在缔约阶段，跨国公司会倾向于选择与企业规模小的本土企业合作进行创新互动，而本土企业会倾向于选择与企业规模大的跨国公司进行合作。跨国公司选择在华与本土企业进行创新互动，是为了更好地了解中国市场，利用本土企业的本土化优势和资源，而本土企业选择与跨国公司合作进行创新互动，是为了吸收更多的新技术。因此，跨国公司希望与企业规模小的本土企业合作，在创新互动中处于主导地位，以利于自己占领中国市场，而本土企业希望与企业规模大的跨国公司合作，因为企业规模大的跨国公司具有更先进的技术知识和人才，这吸引了本土企业进行创新互动。

在履约阶段，跨国公司对本土企业的信任程度低，本土企业选择互动的概率高，这是因为在跨国公司与本土企业的创新互动策略选择中，当跨国公司对本土企业的信任程度高时，本土企业就会产生机会主义行为，单方面地吸收跨国公司的知识和技术，进行模仿创新和自主创新，而选择背叛；而本土企业对跨国公司的信任程度高，跨国公司选择互动的概率高，这是因为作为跨国公司进行创新互动，它更需要的是本土企业的本土化优势和资源优势，当本土企业对自己的信任程度高时，跨国公司愿意投入更多的资源，愿意选择与其进行创新互动。当信任程度达到这两种条件时，本土企业与跨国公司的创新互动能真正地实现。

4.3 案 例 研 究

从 4.2 节博弈模型的分析可以发现，跨国公司与本土企业之间的市场范围重叠程度和知识互补程度对两者的创新互动产生了深远的影响。本节通过实地调研和收集二手资料选取了两个对比性的案例，进一步说明跨国公司与本土企业市场范围重叠程度和知识互补程度两个条件对创新互动过程实现的影响。

4.3.1 案例介绍

殷（2004）认为案例研究一直是社会科学研究的一种重要形式，无论出于什么原因，案例研究都可以很好地达成研究的目的。案例研究可以充分地描述事件的前后联系及其与研究对象之间的高度关联性，本书为了更加明确市场范围重叠程度与知识互补程度对创新互动的影响，选取了两组案例进行对比分析。

1. 浙江正泰电器股份有限公司与通用电气公司的创新互动

正泰集团由1984年创办的"乐清求精开关厂"发展而来，创业之初仅有8名员工，年产值仅为1万元。目前，其总资产已达到200多亿元，员工3万人，集团现有6大专业子公司、50多家持股企业、800多家专业协作厂、2000多家国内销售网点，并在世界上70多个国家和地区建立了办事处、分公司和总代理。正泰集团的产业范围也从最初只生产开关，到目前涵盖低压电器、输配电设备、仪器仪表、汽车电器、工业自动化、光伏发电等产业。形成了高、中、低压和成套设备并举的电气产业格局，也成为国内规模最大、品种最齐全的清洁能源供应商和能效管理系列解决方案提供商。"正泰"商标被国家工商行政管理总局认定为中国驰名商标，三大系列产品跻身中国名牌，企业规模连续多年荣列全国民营企业综合实力500强前茅。浙江正泰电器股份有限公司（以下简称"正泰电器"）是正泰集团控股的一家子公司，是中国产销量最大的低压电器生产企业，主要从事配电电器、控制电器、电源电器、电力电子等产品的研发、生产和销售，在国内低压电器行业处于当仁不让的"龙头"地位。

通用电气公司（以下简称"通用"）是世界上最大的多元化服务性公司，业务范围包括制造业的飞机发动机、发电设备、塑料到服务业的金融、医疗造影、电视节目，通用致力于通过多项技术和服务创造更美好的生活。目前通用在全世界100多个国家开展业务，在全球拥有员工近30万人。通用与中国发展贸易始于1906年，是当时在中国最活跃、最具影响力的外国公司之一；1908年通用在沈阳建立了第一家灯泡厂；1934年，通用慎昌洋行开始在中国提供进口电气设备的安装和维修服务；1979年通用与中国重建贸易关系；1991年在北京成立了第一家合资企业——航卫通用电气医疗系统有限公司。到目前为止，通用的所有工业产品集团已在中国开展业务，随着中国加入世界贸易组织以后市场的逐步开放，通用的金融业务也正积极寻求在中国发展的机会。

2005年2月14日，通用电气消费与工业产品集团与正泰电器正式成立了合资公司——通用正泰（温州）电器有限公司，新的合资企业总投资额达500余万美元，其中通用电气消费与工业产品集团占51%的股份，正泰电器占49%的股份。在此次合作之前，通用和正泰集团曾在低压电器领域有过多年的竞争较量，经过多次接触和多轮谈判，这两个对手终于在2004年9月握手签订了合资组建公司的协议。自此，两者基于合作的创新互动正式开展。

看似对双方有利益的这样一种互动，却深藏危机。2012年6月，对通用正泰（温州）电器有限公司的调研发现，公司从2005年成立之初到2012年，运营状况并不乐观。例如，双方合作研发的小型断路器项目，通用电气消费与工业产品集团负责主要的管理生产，结果使得正泰电器原本7元/件的产品，合资后价格提高到16~17元/件，正泰电器的经销商网络难以接受，合作结果并不理想。显然两者在低压电器领域并没有达成创新互动的共识，最终为了各自的利益走上了不合作的道路。

2. 海尔集团与霍尼韦尔国际公司的创新互动

海尔集团（以下简称"海尔"）于1984年创立于青岛，创业以来海尔坚持以用户需求为中心的创新体系驱动企业持续健康发展，从一家资不抵债、濒临倒闭的集体小厂发展成为全球最大的家用电器制造商之一。海尔作为世界白色家电第一品牌、中国最具价值品牌，在全球建立了21个工业园、10个设计研发中心，2011年，海尔全球营业额达1509亿元，在全球17个国家拥有8万多名员工，海尔的用户遍布世界100多个国家和地区，海尔已发展成为大规模的跨国企业集团。在全球白色家电领域，海尔正在成长为行业的引领者和规则的制定者。

霍尼韦尔国际公司（以下简称"霍尼韦尔"）创立于1885年，是一家在高新科技和制造业方面占世界领导地位的多元化全球集团公司，它拥有12万名员工，年销售额达240多亿美元。霍尼韦尔在全世界90多个国家设有工厂、研究机构、销售和服务中心，在全球控制领域中处于领先地位。

霍尼韦尔在中国的发展历史可以追溯到1935年，当时霍尼韦尔在上海开设了第一个经销机构。发展到现在，霍尼韦尔四大业务集团均已落户中国，旗下所辖的所有业务部门的亚太总部也都已迁至中国，并在中国的20个城市设有多家分公司和合资企业，霍尼韦尔在中国的员工人数现已超过1万名。霍尼韦尔与海尔的合作早在2004年就开始了，当时霍尼韦尔特殊材料集团和海尔在北京签订了5年期的独家供应合同，年交易额为200万美元。据此，霍尼韦尔将长期为海尔全球所有的工厂提供HFC（氢氟烃，Hydrofluorocarbon）制冷剂及高端冰箱用发泡剂。2009年哥本哈根世界气候大会后，绿色低碳在世界范围内达成共识，同时随着物联网等智能控制技术的发展，新一轮节能减排以及智能技术的升级也被提上日程。为了进一步促进节能减排、提高能效并实现技术新突破，2011年8月海尔与霍尼韦尔共同成立了联合创新中心。联合创新中心的目标是双方通过开展针对家用电器和智能控制等的技术合作，实现低碳环保、降低排放和提高能效。

2012年8月7日，霍尼韦尔宣布与海尔共同推出全球首台使用新型HFO（次氟酸，Hydrofluoroolefin）混合制冷剂的空调，这是霍尼韦尔中国研发中心与海尔国家实验室合作的海尔网络智能家电计划项目的首个创新成果。双方成立的联合创新实验室还将共同开发如何将第四代发泡剂 Solsticezd（R1233zd），应用于冰箱、热水器等家电产品的保温，为消费者提供更多基于新一代低全球变暖潜值技术的高能效家用电器解决方案。在联合创新中心，霍尼韦尔研究人员会将他们在环保材料、智能控制等领域的技术优势应用到海尔的产品开发中，双方将继续开展面向未来技术的开放创新合作。

从目前互动的状况看，海尔与霍尼韦尔创新互动的效果明显，已联合推出了创新产品，并且双方已经达成共识，未来将会开展更多领域的创新互动。在智能控制领域，霍尼韦尔和海尔正在合作开发更智能的一拖多空调控制系统，这种系统具有更加便捷的用户界面和基于霍尼韦尔自控技术平台的无线控制功能，方便了用户的使用。另外，霍尼韦尔会在商业楼宇自动化控制、太阳能远程监控、半导体照明应用，以及绿色、低碳及家居智能化应用方面与海尔进行全面技术合作。

4.3.2 案例分析

同样是知名跨国公司与本土企业的创新互动，但是互动的效果却截然不同。正泰电器与通用的创新互动没有实现共有收益就以失败告终，海尔与霍尼韦尔的创新互动却给双方带来了共赢的结果。造成这种结果的因素有很多，如双方公司战略发展规划不同、文化的差异、管理上没有达成共识等，但是本书主要从以下两个方面进行分析。

1. 两组案例的市场范围重叠程度分析

本书在 4.1 节的理论框架中已经指出，跨国公司与本土企业创新互动的过程中，会产生私有收益和共有收益，市场范围重叠程度不同对收益的影响不同。跨国公司与本土企业市场范围重叠程度越大，获取共有收益之后对私有收益的挤占程度也会越大；反之，市场范围重叠程度越小，共有收益的实现对私有收益的挤占程度也会越小。在这样的理论基础上，本书逐一对上述两组案例进行分析。

1）市场范围重叠程度对正泰电器与通用创新互动的影响分析

本书选取两家公司的主营产品和市场占有率作为衡量市场范围重叠程度的指标。正泰电器作为国内低压电器行业的"龙头"企业，与在电气领域有着举足轻重的地位的通用，有着极为相似的产品和市场。

正泰电器有五大事业部，分别为配电电器制造部、终端电器制造部、控制电器制造部、电子电器制造部和继电器制造部，其中终端电器制造部作为正泰电器的核心部门，主要生产小型断路器、漏电断路器、电涌保护器、隔离开关、终端箱等七大类 41 系列 200 多种型号规格的产品。通用电气消费与工业产品集团是通用 14 个业务部门之一，主要向工业、商业提供各类消费电器产品，包括照明产品、家电产品和配电产品等。合资公司主要生产小型断路器、漏电保护断路器、漏电附件、隔离开关等 4 大系列 200 余种规格的低压电器产品，并且这 4 大系列产品均是正泰电器技术含量和盈利能力最高的"拳头"产品，这 4 大系列产品占据了正泰电器低压电器市场的巨大份额。

在此次合作之前，通用和正泰电器曾在低压电器领域有过多年的竞争较量，最新统计数据显示，正泰电器在全球低压电器市场份额方面仅次于通用、西门子。通用的一位经理曾描绘国内低压电器的产品层次图：西门子处于高端，通用处于中高端，正泰电器处于中低端。电器跨国巨头在中国只占据 15%的高端市场，低端市场始终难以进入，因此，它们一直以来对低压电器的低端市场虎视眈眈。同时，已经占据国内 250 亿元市场容量约 30%市场份额的正泰电器，目前以低端产品为依托，正向中高端产品进军。

从以上分析可以看出，由于产品极大相似和在低压电器领域市场的重合度越来越高，正泰电器与通用的市场范围重叠程度越来越大，在低压电器领域的市场竞争越来越激烈。两者成立合资公司互动后，学习到的知识应用到市场上获得的私有收益很容易被共有收益挤占（假设双方继续互动的情况下），而获得的共有收益又不足以弥补被挤占的私有收益，这就导致创新互动在实现共有收益之前就早早结束，导致创新互动的终止。

2）市场范围重叠程度对海尔与霍尼韦尔创新互动的影响分析

众所周知，海尔是世界白色家电第一品牌，是全球领先的家电解决方案提供商，而霍尼韦尔是一家在高新科技和制造业方面占世界领导地位的多元化全球公司，它的业务涉及航空产品和技术服务、汽车产品、涡轮增压器、住宅和商业楼宇控制、家庭和工业控制技术，以及特种化学、纤维、塑料、电子和先进材料等。首先，双方生产的产品相似程度低，不存在直接的竞争；其次，双方成立的联合创新中心以降低排放、提高效能为目标，开展了针对家用电器和智能控制的多项技术合作项目，这些项目要顺利完成需要结合海尔和霍尼韦尔双方的优势技术。

海尔主要致力于家电领域的发展，霍尼韦尔的业务范围很广，在联合创新中心主要发挥了自己在住宅和商业楼宇控制方面的优势。两者的市场范围重叠程度很小，更多体现的是产业链上的客户-供应商的关系，霍尼韦尔为海尔的家电产品提供节能环保技术。早在 2010 年，海尔空调便联合霍尼韦尔、三菱电机等全球顶级供应商成立了"无氟变频空调低碳产业链",在这条产业链上,提供各自的技术联合创新新产品,这就是本书提出的纵向创新互动。这种情形下,共有收益的实现对私有收益的挤占很小,创新互动带来的共有收益足以弥补被挤占的私有收益,双方创新互动可以顺利实现。

2. 两组案例的知识互补程度分析

1) 知识互补程度对正泰电器与通用创新互动的影响分析

正泰电器与通用分别是国内电器龙头企业和国际电器巨头,在市场拓展和技术知识方面都存在极大的互补性,互动会给双方带来更多的收益。

首先,市场经验知识的互补。目前,正泰电器已经占据了国内 250 亿元市场容量约 30%的市场份额,扩张已经到达极限,但是目前乐清低压电器的出口比例非常低,国际市场的年收入仅为 2000 万美元,实施国际化战略已经迫在眉睫。第一是出口缺乏成熟渠道;第二是国内企业推出的新产品其实是国际上第二代、第三代产品,很多是对国外技术的抄袭或模仿,要大规模进入国际市场首先将面临知识产权问责的风险。2005 年,"使用期后厂家必须负责回收""6 种有害元素不能进入欧盟"等新规定,进一步抑制了正泰电器产品的出口。正泰集团董事长南存辉坦言:"多年来,正泰一直致力于企业的国际化,与通用电气的合作,是我们在国际化道路上迈出的重要一步。"与此同时,通用则需要拓展在中国的产销渠道。通用电气消费与工业产品集团大中国区总裁金飞翔说:"通用很高兴能够与正泰集团共同成立新的合资公司。本土化的制造和销售将使我们更好地满足高速增长的市场需求,这一合资企业是我们在中国事业发展的又一个里程碑。"正泰电器拥有丰富的本地市场经验和市场营销网络资源,但是由于国际市场经验的不足,产品难以达到国际标准的要求,始终难以进入全球高档低压电器市场。与此相反,通用作为世界电气巨头,国际市场经验丰富,产品质量符合国际标准要求,但是在中国低压电器的低端市场发展困难,急需拓展在中国的产销渠道。

其次,技术知识的互补。正泰电器目前在全球低压电器市场上仅次于通用、西门子等跨国巨头,正泰电器在国内电器领域拥有高超的科技实力。正泰电器在民营企业中率先建立了国家级的技术研发中心、计量中心和低压电器检测中心,形成了以集团技术开发中心、专业技术处为主体的多层次开放式技术开发网络和集科研、教育、培训、开发为一体的"科技链",使产品开发从"跟随型"向"领先型"发展。正泰电器坚持走技术兴企之路,不断加大研发力度,硕果累累,共获发明专利、实用新型专利、外观设计专利等 200 多项。同时,正泰电器还关注行业的发展,主持和参与制定国家标准、行业标准 30 余项。正泰电器产品在国外认证速度不断加快,公司的部分产品通过国际 CB(Certification Bodies' Scheme,认证机构体系)安全认证、美国 UL(Underwriter Laboratories Inc.,保险商试验所)

认证、CEBEC（Comité Electrotechnique Belge/Belgisch Elektrotechnisch Comite，比利时电工委员会）认证、KEMA（Keuring Van Elektrotechnische Materialen，荷兰电工材料协会）认证、VDE（Verband Deutscher Elektrotechniker，德国电气工程师协会）认证、IMQ（Istituto Italiano del Marchio di Qualita，意大利质量标志院）认证等多项国际认证。通用作为世界上最大的提供技术和服务业务的跨国公司，早在1900年就建立了自己的研发中心，目前在全球有四个一流实验室，在电器领域拥有世界一流的电气制造技术和管理水平。两者在电器领域的合作体现了技术上的强强联合。

正泰电器和通用在市场经验、技术上存在很大的互补性，所以正泰集团董事长南存辉也曾坦言："这种优势互补的强强合作必然带来双赢，一定会有力促进正泰的产业升级，更重要的是，将为双方在全球高档低压电器市场上赢得更大的发展空间。"

2）知识互补程度对海尔与霍尼韦尔创新互动的影响分析

霍尼韦尔-海尔联合创新中心的主要任务就是将霍尼韦尔的环保材料、智能控制等先进技术与海尔的产品开发紧密结合。霍尼韦尔作为全球节能控制领域的领先者，其产品的组合50%以上都与能源和节能相关，同时霍尼韦尔还掌握着制冷剂、发泡剂等环保材料方面世界最尖端的技术，例如，霍尼韦尔开发的新一代低全球变暖潜值化合物氢氟烯烃，具有极低的全球变暖潜值，能有效降低二氧化碳排放。它研制的HFO混合制冷剂是业内最新的环保冷媒，不仅在制冷性能和安全性方面表现突出，更是一种基于新一代低全球变暖潜值分子减少二氧化碳排放的先进产品。同时HFO混合制冷剂可适用于现有的空调硬件系统，避免业内突出的冷媒改进对空调系统产生的更新难题，将加快整个行业向制造环保型空调的升级换代。海尔空调作为行业领军品牌，它的无氟变频空调、除甲醛空调、物联网空调等多项技术研发引领了行业潮流，特别是除甲醛空调，通过创造性的理念诉求，引领空调行业由"温度调节"向"空气调节"转型。

海尔在家电生产方面经验丰富，技术领先，截至2011年，海尔累计申报12 318项技术专利，授权专利8350项，累计提报77项国际标准提案，其中27项已经发布实施，是中国申请专利和提报国际标准最多的家电企业。而霍尼韦尔在环保材料、节能领域掌握着世界最尖端的技术，两者的知识互补对于未来环保节能家电产品的生产有极大的帮助。目前，两者在智能控制领域开展了一拖多空调系统的研发，这项研发将使用霍尼韦尔的自控技术平台，实现无线控制的功能。另外，在商业楼宇自动化控制、太阳能远程监控、半导体照明应用，以及绿色、低碳和家居智能化应用方面，霍尼韦尔与海尔将进行全面技术合作。

4.3.3 案例研究结论

市场范围重叠程度和知识互补程度很难具体量化，为了更清晰地展现市场范围重叠程度和知识互补程度对创新互动的影响，得出研究结论，本书通过定性分析的方法，将市场范围重叠程度和知识互补程度进行了分类，见表4.8。

表 4.8　市场范围重叠程度和知识互补程度对创新互动的影响

案例	市场范围重叠程度	知识互补程度	互动效果
正泰电器与通用互动	+++	+++	失败
海尔与霍尼韦尔互动	+	+++	成功

表4.8中的"+"表示市场范围重叠程度和知识互补程度，"+"号数量越多表明其程度越大。本书将市场范围重叠程度分为"+""++""+++"三种类型，即市场范围重叠程度呈现"弱—中—强"变化；类似地，知识互补程度分为"+""++""+++"三种类型，也呈现"弱—中—强"变化。通过调研资料的定性分析，将两组案例的市场范围重叠程度和知识互补程度进行了类型的划分，见表4.8，正泰电器和通用的市场范围重叠程度为"强"，海尔与霍尼韦尔的市场范围重叠程度为"弱"，这是因为从双方主营产品和地理市场占有情况来看，正泰电器与通用的产品和地理市场几乎完全重叠，而海尔与霍尼韦尔的产品和地理市场相似性较小。正泰电器和通用的知识互补程度为"强"，海尔和霍尼韦尔的知识互补程度为"强"，这是因为正泰电器与通用的市场经验和技术都存在较大的互补性，而海尔与霍尼韦尔在各自领域的知识也是名列前茅。

1）市场范围互补程度越大，创新互动过程越容易实现

市场范围互补程度较大说明跨国公司与本土企业的市场范围重叠程度较小。通过4.1.2节的敏感性分析可以发现，随着θ增大，即市场范围互补程度变大时，跨国公司与本土企业创新互动过程越容易实现。而通过案例的分析，可以发现正泰电器与通用生产的产品极为相似，都集中在低压电器领域，而且双方都在调整各自的市场，使得市场范围重叠程度不断加大，互补性越来越弱。两者创新互动实现的共有收益会极大程度地挤占私有收益，这一方面降低了正泰电器与通用继续互动的积极性，另一方面被挤占的私有收益是获得的共有收益无法弥补的。这两方面综合的结果导致正泰电器与通用创新互动过程不能实现，这种互动形式属于本书提出的横向创新互动。

海尔与霍尼韦尔取得了创新互动的双赢局面，这进一步说明了市场范围重叠程度对创新互动的作用，海尔与霍尼韦尔存在共同的市场利益，但两者更偏向于产业链上的上下游企业关系，这种情形下互动实现的共有收益不会或是很少挤占私有收益，这就强化了两者创新互动的动机，共有收益的实现足以弥补可能被挤占的私有收益。这正好验证了Kaufmann和Todtling提出的，顾客和供应商是占优

势的创新合作伙伴的结论,他们的合作过程相当频繁。这种互动形式属于本书提出的纵向创新互动。

2)知识互补程度越大,创新互动过程越容易实现

知识的互补是促使双方互动的基本条件,知识互补可以带来双方共有收益的增加。敏感性分析的结果是,随着知识互补程度的增大,创新互动过程更容易实现。尽管正泰电器与通用互动的效果并不明显,但是通过分析可以发现,双方最初的互动建立在双方存在知识互补的基础上,正泰电器缺乏通用的先进管理经验和国际市场渠道,而通用想借助正泰电器打开低压电器的低端市场,基于这两方面存在知识互补,双方才建立了创新互动的关系,单从知识互补的角度看,这种互动确实可以增加双方的收益。

知识互补程度也是海尔与霍尼韦尔建立互动关系的基础,霍尼韦尔作为国际财富100强企业,长期致力于节省能源、环境保护等领域的研发和生产,在这些领域的技术处于世界尖端行列。霍尼韦尔对互动企业的要求非常苛刻,海尔作为国内家电企业的"龙头",正是因为具备了与其合作的专业技能和知识,双方才能取得互动上的进展。而且正是由于双方知识互补程度较大,才能在创新中心的基础上不断将合作深入智能控制和楼宇自动化等领域。

3)市场范围重叠程度与知识互补程度的共同影响

市场范围重叠程度和知识互补程度共同变化对创新互动过程实现的影响较为复杂,在4.1.3节中本书通过进一步的数值分析,发现两者共同变化时存在一个临界值,在临界值以内市场范围重叠程度的影响更大,而超过临界值之后知识互补程度起到更大的作用。这正好验证了为什么正泰电器与通用存在较强的知识互补,但是没有取得互动的成功,而海尔与霍尼韦尔的互动却顺利实现。市场范围重叠程度和知识互补程度两个限制条件很难具体量化,因此,本书首先对市场范围重叠程度和知识互补程度进行了定性分析,见表4.8,正泰电器与通用的创新互动属于本书界定的共同变化的临界值以内,这种情形下市场范围重叠程度对创新互动过程实现的影响更大,因此正泰电器与通用互动无法实现共有收益,即创新互动过程不能实现。海尔与霍尼韦尔的市场范围重叠程度和知识互补程度大于临界值,这种情形下知识互补程度对创新互动实现过程的影响更大,知识互补使得共有收益增加,增强了海尔与霍尼韦尔创新互动的积极性,创新互动过程得以实现。

即使存在知识互补,但由于市场范围重叠程度太大而导致企业之间互动后失败的案例很多,很多跨国公司与本土企业的互动最终演变成为跨国公司对本土企业的并购。在温州乐清,作为正泰电器最大竞争对手的德力西,最初选择了与法国电器巨头施耐德成立合资公司进行创新互动,但是最终德力西难耐竞争惨烈之苦,将50%的股份售予施耐德,自此德力西被施耐德收购。跨国公司

与本土企业互动，最终并购本土企业的案例还在不断上演，究其原因主要就是互动双方的市场范围重叠程度太高，互动之后共有收益的实现会挤占太多自身的私有收益，而双方互动过程中尽管知识互补可以增加共有收益，但是当知识互补程度所增加的共有收益不足以弥补被挤占的私有收益时，互动就难以进行。

第5章　跨国合作背景下本土企业技术创新策略演化过程分析

本书在大量阅读文献的基础上，运用博弈理论的方法，对企业技术创新策略演化问题进行研究，重点研究关注我国企业从模仿创新到自主创新策略的演化问题。本书首先根据企业技术创新策略实际，借用博弈理论的概念，将企业技术创新策略集拓展为模仿创新策略、混合策略和自主创新策略，结合企业技术创新能力和战略柔性，分析采取三种技术创新策略的企业的行为方式。其次，在以上理论基础上，本书构建了三元技术创新策略的演化博弈模型，并对四种不同情况下的企业技术创新策略演化进行分析，着重分析吸收能力、原创能力、技术保护等对企业技术创新策略演化过程的影响，得出相应的结论。

首先确定技术创新策略演化的群体研究视角。其次介绍模仿创新策略、自主创新策略，并通过借鉴博弈理论的概念发展了技术创新的混合策略，博弈理论的混合策略是指在给定信息条件下，以某种概率采纳不同策略。在本书中，混合策略是指根据竞争对手的不同而采纳不同技术创新策略。再次根据技术创新能力和技术创新策略的对应关系，明确混合策略是模仿创新策略和自主创新策略的中间状态，指明技术创新策略演化过程中的三种状态，并运用企业战略柔性，分析三种技术创新策略的行为方式。最后分析影响技术创新策略演化的相关因素，为分析技术创新策略的演化过程奠定理论基础。

5.1　群体研究视角下的企业技术创新策略演化

群体是由个体间的互动产生的，不仅包括群体内所有个体行动，还包括个体间的互动关系。同一群体内的个体可能具有不同的行为特征，却遵循相同的互动规则。不同群体之间的差异表现在个体类型初始频率和互动关系的差异。虽然群体选择理论并不排斥个体选择的作用，并承认群体内的个体选择和群体间的群体选择共同推动了群体的演化，但是，群体选择理论的优势在于群体包含互动关系，个体行动体现在演化过程的互动关系中，个体的特征只有在这些互动关系中才能界定，而这都是个体选择理论无法解释的。

本书研究的是企业群体层面的技术创新策略演化过程，群体选择理论能够为企业技术创新策略的演化提供新的研究视角。技术创新是一个比较复杂的社会活动过程（连燕华，1994）。技术创新活动需要人力、财力、物力、信息及组织等各种资源，技术创新过程伴随着各种资源的整合和流动，单个企业无法在封闭的环境中完成技术创新的全部过程，企业只有不断互动、竞争合作、交换信息、吸收获得能量等，技术创新才能持续下去。这里所指的企业就是企业群体，因此，群体理论中的互动关系能够解释技术创新的发展。De Bresson 和 Amesse（1991）也指出，企业群体是研究创新策略演化问题的合适角度。由于技术创新能力等的影响，不同企业群体之间个体的类型也是不同的，包括不同的策略集和不同的行为方式等。企业群体间的这些差异能够促进那些有利于提高群体总体适应度的策略的发展和演化。因此，企业群体的技术创新策略的演化关系到社会整体的技术创新质量和水平。这对转型经济背景下，我国企业提升技术创新能力，促进技术创新策略演化，加快产业整体的技术创新策略转型升级具有重要的理论和现实意义。

另外，演化博弈理论的研究对象是随着时间变化的，包括许多行为主体的群体，其研究的目的是理解群体演化的动态过程，并意图解释群体为何及如何达到目前这一状态。这里的群体可以是无限的，也可以是有限的，群体内的行为主体任意两两配对博弈，在博弈的过程中，行为主体可能会尝试不同的策略，也就是说在每一次博弈之后，部分行为主体会进行不同的策略之间的转换。演化博弈的过程就是群体策略动态调整的过程。在许多演化博弈模型中，策略的适应性用群体中策略的频率分布表示，也就是说，在演化的过程中，群体中那些频率分布高的策略更容易在演化中保留下来。演化博弈理论摒弃完全理性的假设，认为群体内的行为主体只具有有限理性，在演化过程中，群体策略通过不断修正、改进和模仿成功策略达到均衡，因此不同于经典的博弈理论，演化博弈理论不能瞬间达到最优的均衡结果。因此，演化博弈理论的这些特点为研究企业群体层面的技术创新策略演化提供了一个独一无二的有效工具，并为预测和调控企业群体技术创新策略演化过程提供了理论依据。

基于以上分析，本书运用演化博弈理论，从企业群体层面研究企业技术创新策略的演化过程。

5.2 技术创新策略的类型

5.2.1 模仿创新策略

模仿创新策略是指企业通过模仿率先创新者的成功产品和创新构想，吸收率先创新者的经验，购买或者通过逆向工程破译成功者的技术秘密，并在此基础上，投入资金进行局部创新和架构创新，生产出在性能、质量、价格方面能够和率先创新者产品竞争的产品，以此获得经济利润的过程。

模仿创新策略具有以下特点。

(1) 模仿创新策略具有跟随性。模仿创新策略的一个重要特点是能够最大限度地吸收外部成功的经验教训，吸收自主创新企业的成果。在技术创新方面，采用模仿创新策略的企业不进行新技术的开发与探索，而是在自主创新策略企业开发出新技术后迅速跟随学习，在外部核心技术的基础上进行局部改进。

(2) 模仿创新策略具有针对性。模仿创新不是简单的技术引进和照抄照搬，同样需要投入研发资源，如人力、物力资源，在外部核心知识的基础上进行特定的、局部的技术创新活动。模仿创新活动不但是对自主创新技术的追赶，还是对自主创新技术的完善，因为即使是自主创新企业研发的创新技术也不能涵盖所有的技术创新范畴。因此，模仿创新活动主要侧重于通过已有的、公开的或外部购买的技术进行有针对性的产品功能和生产工艺改进与研发创新。

(3) 模仿创新策略资源投入集中。一方面，因为创新活动主要是局部的创新、有针对性的创新，所以资源投入较为集中。另一方面，模仿创新企业采纳的外部技术是自主创新企业已经在市场上验证过的成功的技术，因此不需要在技术创新链的基础研发阶段和市场开拓阶段投入过多资源。

模仿创新策略的优势如下。

(1) 模仿创新策略风险小。模仿创新不进行技术的开发和探索，而是积极地跟随学习模仿有价值的、被市场证明过的新技术。自主创新企业需要自己承担技术创新失败的风险，而模仿创新企业却可以根据市场需求，模仿改进这些自主创新的技术，这样，模仿创新企业就不会涉足未知的领域，因此模仿创新能够有效回避技术开发的高风险。

(2) 模仿创新策略成本低。模仿创新策略核心技术来自企业外部，因此不涉及过多的基础研发投入，这样就为企业降低成本，与自主创新产品的竞争提供了成本优势。

虽然模仿创新策略具有风险小和成本低等优势，也同样具有以下劣势。

(1) 模仿创新策略难以树立其企业形象。因为模仿创新策略主要是跟随自主创新企业技术，所以无法确立良好的市场形象。

(2) 模仿创新策略容易使企业战略处于被动地位。模仿创新策略跟随市场上率先技术，无法获得前期率先技术创新的高额市场回报，在技术方面只能被动地适应，无法进行长远的战略规划。

(3) 模仿创新策略容易受到技术壁垒的制约。在高技术领域，技术对企业的核心竞争力具有至关重要的作用，拥有这些核心技术的企业会不断加强技术保护，限制模仿创新企业的模仿。因此，模仿创新策略企业会越来越难以打破自主创新策略企业的技术壁垒进行创新活动。

5.2.2 自主创新策略

自主创新策略是指企业通过自主 R&D（research and development，研究与开发），攻破技术难关，开发出有价值的技术成果，并依靠自身能力，推动成果的商品化转化，获取创新利润的过程。

自主创新策略具有以下特点。

（1）自主创新策略能够自主突破核心技术。企业通过投资基础研究，开发新技术，满足市场需求，从而独占技术自主创新的高额回报。因此，自主创新策略企业的技术创新来自企业的内部，具有内生特性。

（2）自主创新策略的技术创新始于基础研究。技术创新链包含基础研究、应用研究、开发研究、试制生产、市场销售等几个过程，自主创新需要完成从基础研究开始的所有技术创新链活动。

自主创新策略的优势如下。

（1）自主创新策略有利于建立技术壁垒。自主创新策略企业凭借强大的经济和技术实力在技术研发方面取得重大突破，拥有核心技术知识的自主产权，企业之外的组织难以获得这些核心技术资料，因此自然地形成了技术壁垒，使得企业在一定时间内占据技术垄断地位，提升了企业竞争力。

（2）自主创新策略能够使企业获得较高收益。自主创新企业在一段时间内独占技术创新成果，而模仿创新企业在一段时间内无法破译新技术，企业通过率先将新技术运用于企业的生产经营中，能够获得巨额经济利润。

自主创新策略的劣势如下。

（1）自主创新策略的创新风险大。技术创新链是一个周期长、投入高的一系列创新活动的组合，因此自主创新策略面临着巨大的创新失败的风险。自主创新策略能够让企业在一定时期内获得市场垄断地位和巨大经济收益，但也存在着巨大的风险。一旦自主创新失败，就有可能给企业带来巨大的损失。

（2）自主创新策略的创新成本高。自主创新策略要求企业投入较高的创新成本，尤其要求企业具有强大的经济实力。企业要全面把握技术创新链的所有创新活动，整合各种创新资源，这对于自主创新企业来说，确实提出了很高的要求。

5.2.3 混合策略

在市场竞争中，企业根据自身情况相应地采取模仿创新策略和自主创新策略。因此，模仿创新策略和自主创新策略是企业群体中部分企业的两个纯策略，也就是说，在综合各种因素情况下，在企业竞争过程中，部分企业采取模仿创新策略，而部分企业会采取自主创新策略。然而现实中还存在另外一种情况，就是当部分企业面对自主创新策略企业时会采取模仿创新策略，而遇到模仿创新策略企业时会采取自主创新策略。此时企业采取的就是既模仿创新又自主创新的混合策略。

现实中存在很多采用这种混合策略的例子。华为现在是全球领先的通信设备与信息解决方案供应商，其每年申请的专利数量在全国重点工业企业中数一数二，其技术创新活动和技术创新策略的演化过程具有很大的代表性。2002年，华为已经成功占领了我国路由器、交换机市场，成为通信设备行业中的翘楚。在与国内众多同行业企业竞争时，更优良的产品性能、更先进的技术支持是华为能够胜出的关键，这源于这一阶段华为不断地提升自主创新能力，深入挖掘内生创造技术知识的技术创新策略。

混合策略的概念来自于博弈论。在给定信息中，玩家只能采取一种策略，那么这种策略称为纯策略，如果在给定信息下玩家以某种概率采取不同纯策略，则称为混合策略。混合策略是纯策略空间上的概率分布。混合策略提出之初曾受到严重质疑，被认为是"直觉地有问题"，因为很少有人完全凭借运气（这里是概率）来做决定。然而，阿里尔·鲁宾斯坦在一篇论文中给出了混合策略的一种合理的解释，即混合策略反映了玩家对信息和决策的认识。如果将企业对竞争对手和自身技术创新能力的认知考虑到技术创新策略的决策中，我们就有理由相信，技术创新能力处于模仿创新策略企业和自主创新策略企业中间阶段的部分企业，在遭遇模仿创新策略企业时，认识到模仿创新策略企业无法提供企业发展需要的更高层次的技术，因此采取从内部获取知识的自主创新策略。当遭遇自主创新策略企业时，企业认识到从外部获取知识的"搭便车"行为比较容易，则采取模仿创新策略，这种策略间的转换反映了企业对自身和其他竞争对手的认识。

5.3　企业技术创新策略演化的过程与机理

5.3.1　战略柔性角度的技术创新策略演化过程分析

当企业现有技术无法满足市场环境的变化时，企业开始通过改变技术创新策略寻求新知识。战略柔性是企业为了快速适应环境，搜索新知识、选择新知识源的能力（Sanchez，1995；1997）。从这个角度讲，企业技术创新策略的演化需要战略柔性的调节。

企业战略柔性对于协调企业内部知识和外部知识的互补具有重要作用。根据对环境变化的不同反应，战略柔性在引导企业技术知识获取方面表现出三种行为：外部获取、跨边界获取和内部获取。外部获取即搜寻和选择企业外部知识源，获得外部技术，在企业内部进行生产组装。跨边界获取即搜寻和选择企业内部与外部的知识，企业首先获得外部核心技术知识，再通过自主研发，从内部产生新的技术知识，将两种技术知识进行整合，创造出更有竞争力的技术。内部获取即企业将内部自主创新技术作为知识源，通过不断地研发，满足企业对技术知识的需求。企业通过快速调整不同知识源知识获取、资源重组等技术创新策略，来应对环境的变化。有效的技术创新策略能够使企业获得竞争优势（Ferrier，2001），为了达到这一目的，企业需要根据环境变化，改变技术创新策略，搜寻合适的知识源以建立相对竞争对手的竞争优势。

基于知识获取以建立竞争优势的角度，企业战略柔性通过快速转变企业的技术创新策略，获得不同的知识获取源，迅速形成竞争优势。当模仿创新策略不足以支撑企业的发展时，企业开始从内部获取企业进一步成长所需的知识，此时企业采取的就是既模仿又创新的混合策略，当混合策略企业为缩小自主创新策略企业差距时，进一步提升自主创新程度就很有必要，在企业战略柔性的调节作用下，技术创新策略不断转变以满足企业的发展需求。战略柔性的这一作用对于采取混合策略企业尤为重要。当采取混合策略企业和采取模仿创新策略企业竞争时，采取混合策略企业技术知识的内部获取对竞争的胜负起决定性作用，这时，根据战略柔性的调节作用，采取混合策略企业会迅速选择以自主研发为主的技术创新策略；当采取混合策略企业和采取自主创新策略企业竞争时，混合策略企业的自主研发能力比自主创新策略企业低，但它能够通过外部知识的获取，即吸收自主创新企业的技术溢出来参与竞争，因而此时根据战略柔性的调节作用，采取混合策略企业会迅速选择相对的以模仿吸收为主的技术创新策略。

通过以上分析，企业技术创新策略的演化是在战略柔性的调节作用下，模仿创新策略向混合策略发展，然后向自主创新策略发展的过程。

5.3.2 技术创新能力角度的技术创新策略演化机理分析

技术创新能力在企业技术创新策略演化过程中起重要作用，企业技术创新策略和企业技术能力的匹配是一一对应的，即不同的技术创新能力会有不同的技术创新策略。因此从技术创新能力的角度理解企业的三种技术创新策略演化具有重要意义。

企业技术创新能力演进需经历仿制阶段、创造性模仿阶段和自主创新阶段（赵晓庆和许庆瑞，2002；2006）。在仿制阶段，企业通过引进外部技术，在干中学和用中学过程中，逐渐对外部知识进行消化吸收，积累初步的技术能力。在创造性模仿阶段，企业能够利用上一阶段积累的技术能力对外部核心知识进行改造，创造出基于核心技术的模仿产品。这一阶段企业不是简单的干中学和用中学，而是具备了初步 R&D 能力，能够对外部知识进行创造性的改造模仿。在自主创新阶段，赵晓庆和许庆瑞指出，企业此时不再囿于已有的静态的技术范式，而是能够基于全球视野动态地发展自己的技术能力，企业通过研发新技术，创造新产品，引领行业的发展。许庆瑞等（2013）在研究我国转型经济企业技术创新策略演化的过程中，从企业核心技术知识的边界角度，将技术创新能力归纳为二次创新能力、集成创新能力和原始创新能力三个阶段。二次创新能力是指企业将需要的核心技术从外部引进，通过辅助技术知识对核心知识进行改进和包装，生产满足市场需求的产品的能力。二次创新过程中核心技术知识来自于企业外部，其表现是外部技术的引进和先进设备投资。集成创新能力是指企业在二次创新的积累、干中学过程中，逐渐掌握了部分核心技术，能够对外来技术进行改造创新，然而这种创新能力是基于外部技术的。集成创新能力的特点是能够通过有机地整合企业外部和内部技术知识，创造高于二次创新的价值。原始创新能力是指企业需要的所有核心技术知识全部来自于企业内部，并根据市场需要自主研发新技术的能力。从核心技术知识边界角度看，集成创新能力是二次创新能力和原始创新能力的一种临界状态，由于拥有的是部分核心技术知识，集成创新能力在层级上要比二次创新能力更高级，而要低于原始创新能力。也就是说，技术创新能力是沿二次创新能力、集成创新能力、原始创新能力的路径发展的。

从以上的研究可以发现，学者对于技术创新能力以及相应的技术创新策略的发展阶段界定并不清晰。尤其是企业由模仿创新策略向自主创新策略的转化过程中，中间经历的阶段所采取的技术创新策略没有明确的定义。虽然以上研究都没有明确技术创新策略概念及其与技术创新能力的对应关系，但能够为我们的研究提供方向性的指导。技术创新能力的发展经历了三个阶段：从知识的边界角度来说，第一阶段技术创新的知识来自于组织外部；第二阶段技术创新的知识来自于组织内部和外部；第三阶段技术创新的知识来自于组织内部。根据技术创新能力和技术创新策略的对应关系，对处于技术创新能力两端的技术创新策略，本书采纳 Cassima 基于创新过程的分类方法，在不考虑合作的情况下，将企业技术创新分为模仿创新策略和自主创新策略。对处于模仿创新策略和自主创新策略的中间状态，本书将其称为混合策略。因此，技术创新策略包含模仿创新策略、混合策略和自主创新策略。

不同的技术创新能力对应了不同的技术创新策略，技术创新能力的发展为技术创新策略演化提供了动力机制，是技术创新策略演化的内在机理。

5.3.3 整合框架下的企业技术创新策略演化

技术创新能力是技术创新策略演化的内在机理，企业技术创新能力的发展为技术创新策略的演化提供了内在动力。企业的技术创新能力并非从模仿创新直接转化为自主创新，而是经历了既有模仿创新又自主创新的中间阶段，相应地，企业的技术创新策略也同样经历这样的一个中间阶段，即混合策略阶段。因此，采用混合策略的企业技术创新能力介于模仿创新策略和自主创新策略企业之间。

战略柔性在技术创新策略演化的过程中发挥了调节作用，并为三种技术创新策略的博弈行为奠定了理论基础。模仿创新策略由于战略柔性的限制，无论遇到哪种技术创新策略都只能采取模仿创新的行为方式；当混合策略遇到模仿创新策略时，会采取相对的自主创新的策略，而当遇到自主创新策略企业时，就采取相对的模仿创新策略；自主创新策略无论遇到哪种策略都会采取自主创新策略，虽然采取这一策略的企业技术能力和战略柔性最高，能够采取其他策略，但根据能力、柔性和策略最有效的匹配原则，自主创新策略企业均采取自主创新策略。

基于以上分析，在技术创新能力、战略柔性整合框架下三种技术创新策略演化过程如表 5.1 所示。

表 5.1 企业技术创新策略演化三阶段表

技术创新策略演化阶段	模仿创新策略阶段	混合策略阶段	自主创新策略阶段
策略演化层次	初级阶段	过渡阶段	高级阶段
核心知识掌握程度	引进	部分掌握	全部掌握
核心知识的位置	组织外部	组织内部、外部	组织内部
战略柔性程度	低	中	高
行为方式	模仿创新为主	遇到模仿企业时创新；遇到创新企业时模仿	自主研发为主

5.4 企业技术创新策略演化过程的博弈分析

基于以上章节的理论分析，本节通过构建企业三元技术创新策略的演化博弈模型，借助 MATLAB 7.0 软件具体分析企业的技术创新策略演化过程，并分析企业技术创新策略相关因素对演化过程的影响。

5.4.1 技术创新策略演化的相关因素

通过文献研究可知，技术创新策略的演化过程受到多种因素的影响，首先，模仿创新策略的吸收能力和自主创新策略的原创能力是技术创新策略演化的两大影响因素。混合策略的技术创新能力因为处于模仿创新和自主创新中间阶段，所以其吸收能力高于模仿创新策略，而原创能力低于自主创新策略。其次，技术保护限制了企业间技术知识的扩散，因此，技术创新策略演化也和企业的技术保护能力有关。

1. 吸收能力

吸收能力分为知识的获取能力、知识的消化能力、知识的转换能力、知识的应用能力，并归结为潜在的吸收能力（前两个）和实现的吸收能力（后两个）（Zahra and George，2002）。知识的转换能力是指企业对外部知识的获取，消化吸收，在组织内部中进行重组的能力。这一能力能够激发企业家精神，培育技术创新行为（Greve，2003）。知识的应用能力是指企业进行提炼、拓展、创造、消化吸收知识的能力。本书所指的吸收能力是实现的吸收能力，这一概念强调能够将外部知识内部化的能力（Lichtenthaler U and Lichtenthaler E，2009；Abreu and Pearce，2007）。

企业的大部分技术创新都是吸收借鉴而不是发明创造而来的，企业不可能仅凭自己内部研发创造来进行创新活动，往往需要从外部环境中吸收获取新知识。企业技术创新的过程就是一个知识探索的过程，没有新知识的加入，就不可能进行技术创新。而且，吸收能力对企业初步进行技术创新活动具有重要作用，通过将外部知识吸收进来进行再加工等创新活动创造出新的知识，对于技术创新能力处于低级阶段的企业是最佳技术创新策略。因此，根据研究需要，本书假定，在技术创新策略的演化过程中，采用模仿创新策略的企业完全依靠吸收能力进行技术创新，而采取混合策略的企业面对自主创新策略企业时依靠吸收能力进行技术创新。在博弈支付矩阵中，这一能力通过吸收能力系数来表示，并以收益支付的形式表现出来。

2. 原创能力

原创能力是企业内部创造新知识的能力，万君康和李华威（2008）将这种能力视为知识的内生创造能力。原创能力能够满足企业在激烈的市场竞争中对新知识的需求（Nonaka and Takeuchi，1995），并且能保证新产品的开发并投入市场。拥有原创能力的企业能够不断地根据市场变化，通过自主R&D产生新知识新技术,并将这些新技术新知识运用于新产品中,从而创造出超额的经济利益(Nahapiet and Ghoshal,1998)。

原创能力是在已有知识的基础上进行创新的活动,这种能力在技术创新能力中属于高阶能力。当后发企业和领先企业的技术差距逐渐缩小时,吸收能力的作用会逐渐减小,显现出技术吸收的"天花板"效应。这时内生性的知识创造具有了不可替代的作用,这是企业技术创新能力发展到一定阶段后的必然要求,也是我国政府、企业、学术界共同呼吁自主创新的理论依据。原创能力和吸收能力在技术创新策略的发展过程中的作用呈现出阶段性特征。因此,根据研究需要,本书假定,采取自主创新策略的企业完全拥有并依靠原创能力参与市场竞争,而采取混合策略的企业拥有部分原创能力。在博弈支付矩阵中,自主创新企业的这一能力以创新收益表示,混合策略企业的原创能力以创新程度表示。

3. 技术保护

技术保护是指企业通过专利、技术壁垒等形式防止自身技术外溢的能力。竞争中,每个企业都会对自己所拥有的技术知识进行保护,防止核心技术泄漏(董芹芹,2009)。

技术保护能力是市场上每一个企业必备的能力,通过把企业拥有的知识保护起来,形成对其他企业和潜在进入者的技术壁垒,能够帮助企业获得竞争优势。企业技术创新产品的技术水平越高,带来的附加值也越高,跟风模仿的企业在利益的驱使下会更多地对此类产品进行模仿,企业为阻止其他企业的模仿,投入技术保护的资金也就越多。也就是说,企业技术创新能力越高,技术保护程度就越高。这种保护力度与所拥有的知识的先进程度和重要程度呈正相关关系。Varsakelis(2006)对技术知识产权的保护程度和R&D投资的关系研究得出的结论证实了这一点,知识产权的保护程度和自主研发的投资呈正相关关系。因此,根据研究需要,本书假设自主创新策略企业的技术保护水平高于混合策略,模仿创新策略由于一直采用的是对外部知识的模仿创新行为而不存在技术保护的问题。在博弈支付矩阵中,混合策略和自主创新策略的技术保护能力由企业对创新收益的技术保护系数表示。

需要指出的是,企业技术创新策略的演化过程受多种因素的影响,然而,根据企业技术创新能力的演化可知,吸收能力和原创能力是企业技术创新能力中两个重要的能力。因此,结合企业竞争中技术保护的现实,本书采纳这三种影响因素构建博弈模型。

5.4.2 博弈模型构建

根据已有文献、理论基础和企业群体的实际特点,做出如下模型假设。

假设 5.1 市场上的企业群体是异质的。企业群体根据选择的技术创新策略不同分为三类：模仿创新策略企业、混合策略企业和自主创新策略企业。企业根据自身特点采取不同的技术创新策略参与市场竞争。

假设 5.2 市场上的企业具有有限理性。在市场竞争互动中，企业能够通过观察配对企业以前采取的策略来辨别配对企业即将采取的策略，从而采取相应的策略。根据企业战略柔性对技术创新策略的调节作用，这一假设也可理解为，在企业配对开始之前，企业双方不知道对方采取什么策略；而在企业配对开始之后，企业能够根据对手表现出的策略调整自己的策略。

假设 5.3 根据技术创新能力和战略柔性不同，市场上存在三类企业：第一类是技术创新能力和战略柔性较低的企业，根据理论基础分析，在市场竞争中只采取模仿创新策略；第二类是技术创新能力和战略柔性处于中间阶段的企业，当遇到模仿创新策略企业，它会相应地采取从内部获取知识，如自主 R&D 的创新策略，当遇到自主创新策略企业，会相应地采取从外部获取技术知识的模仿创新策略；第三类是技术创新能力和战略柔性较高的企业，在市场竞争中，无论遇到采取什么策略的其他企业，都会采取自主创新策略。虽然这类企业为了自身利益也会采取其他技术创新策略，但仍然是以自主创新策略为主的。

假设 5.4 博弈中，自主创新策略企业在群体中所占频率是 p，模仿创新策略企业在群体中所占频率是 q、混合策略企业在群体中所占的频率是 r。其中，$p+q+r=1$。这三个策略在群体中的分布可在一个正三角形中表示，见图 5.1，任一点 O 到各边的垂线段长度定义了策略在群体中的频率，这些策略在对边的顶点处注明，所以，自主创新策略的企业频率为 p，O 点到三边的线段之和等于 1，因此，在三个顶点处个体群采取的策略是相同的。

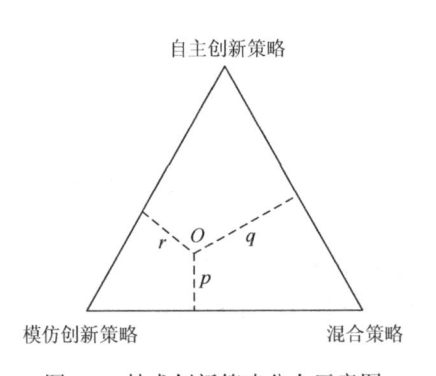

图 5.1 技术创新策略分布示意图

假设 5.5 各企业去除成本后的基本收益均为 v，采用自主创新策略企业的自主创新收益为 a，采用混合策略企业的创新程度为 k（和采取自主创新策略的企业相比)。$b, c(b > c)$ 是两种不同水平的技术保护系数,当自主创新策略企业遇到模仿创新策略企业时,由于模仿创新策略企业技术能力和战略柔性的限制,模仿能力有限,对于自主创新策略企业来说,只需采用一个较小的技术保护系数 c;当自主创新策略企业遇到混合策略企业时,由于混合策略企业技术能力和战略柔性较模仿创新策略企业要高,自主创新策略需要采用一个较大的技术保护系数 b 来保护自己的技术;当混合策略企业遇到模仿创新策略企业时,本书设定为采用一个较小的技术保护系数 c。采用混合策略和模仿创新策略企业的吸收能力系数分别是 g, h,且 $g > h$。

根据以上假设,构建企业群体的技术创新策略演化博弈支付矩阵,如表 5.2 所示。

表 5.2 收益支付矩阵

	自主创新策略 (p)	模仿创新策略 (q)	混合策略 (r)
自主创新策略	$v + a$	$v + a - ac$	$v + a - ab$
模仿创新策略	$v + ah(1-c)$	v	$v + akh(1-c)$
混合策略	$v + ak + ag(1-b)$	$v + ak(1-c)$	$v + ak$

该博弈支付矩阵的含义如下。

当采用自主创新策略企业遇到自主创新策略企业时,其收益为基本收益和创新收益 $v + a$,没有技术知识的相互吸收和外溢情况;当遇到采用模仿创新策略和混合策略企业时,采用自主创新策略企业为保护技术知识,付出额外的技术保护成本 ac 和 ab。

当采用模仿创新策略企业遇到模仿创新策略企业时,其收益为 v,没有技术知识的吸收和外溢情况;当采用模仿创新策略企业遇到自主创新策略企业时,可根据自身吸收能力系数 h 获得自主创新策略企业技术保护能力之外 $a(1-c)$ 的技术,因此收益为 $v + ah(1-c)$,遇到混合策略的情况和遇到自主创新策略的情况类似。

当采用混合策略企业遇到混合策略企业时,其收益包括基本收益 v 和根据自主创新程度获得的额外收益 ak,并且没有技术知识的吸收和外溢情况;当采用混合策略企业遇到自主创新策略企业时,混合策略企业可根据自身吸收能力系数 g 获得自主创新策略企业技术保护能力之外 $a(1-b)$ 的技术,因此收益为 $v + ak + ag(1-b)$;当遇到模仿创新策略企业时,采取混合策略企业会保护自身技术知识,成本为 akc。

根据博弈支付矩阵,可得三种技术创新策略的期望支付和群体平均支付。设 A、

B、E 分别是自主创新策略企业、模仿创新策略企业和混合策略企业的期望支付，F 为群体的平均支付，则有

$$A = v + a - qac - abr \tag{5.1}$$

$$B = v + ah(1-c)(p+rk) \tag{5.2}$$

$$E = v + ak + agp(1-b) - acqk \tag{5.3}$$

群体的平均支付为

$$F = pA + qB + rE \tag{5.4}$$

根据演化博弈理论可知，模型中三种策略可以相互转化，并且根据支付进行单调更新。假定这个企业群体足够大，使实现的支付和期望支付相等。代表更新过程的类似的复制动态方程如下。

自主创新策略：$\dfrac{\mathrm{d}p}{\mathrm{d}t} = p(A - F)$ \hfill (5.5)

模仿创新策略：$\dfrac{\mathrm{d}q}{\mathrm{d}t} = q(B - F)$ \hfill (5.6)

混合策略：$\dfrac{\mathrm{d}r}{\mathrm{d}t} = r(E - F)$ \hfill (5.7)

5.4.3 技术创新策略演化过程

本书的主要目的是分析企业技术创新策略的演化过程，关注的是过程而不是均衡结果。因此，为了更好地理解企业技术创新策略的演化过程，本书运用MATLAB 7.0 软件绘制了在四种特定初值（四种情景）条件下，三种技术创新策略的演化趋势图，并和对比组得出的演化趋势图做了对比，以此得出了具有普遍意义的企业技术创新策略演化路径，同时结合现实情况，进行了相应的分析。

设初始情况下，选择三种策略的企业的频率分别为：① $p=0.2$，$q=0.6$，$r=0.2$；② $p=0.6$，$q=r=0.2$；③ $p=q=0.2$，$r=0.6$；④ $p=0.3$，$q=0.4$，$r=0.3$。

试验组：在四种初始频率条件下企业技术创新策略演化趋势图。设定初值 $v=5$，$a=2$，$b=0.2$，$c=0.1$，$g=0.5$，$h=0.3$，$k=0.65$，根据复制动态方程，运用MATLAB 7.0 软件绘制三种技术创新策略在四种初值情况下的演化趋势图如图 5.2 所示。

将技术创新策略演化趋势分为混合策略频率达到峰值前后两个阶段。从第一阶段可以看出，单纯采取模仿创新策略的企业将越来越少。随着部分企业技术创新能力积累，战略柔性增加，企业开始采取既模仿又创新的混合策略。这种自主创新并不是完全的自主创新，而是在外部核心技术的基础上，根据市场特点，进行的外围创新、系统创新、建构创新。我国企业技术创新策略的演化目前正处于

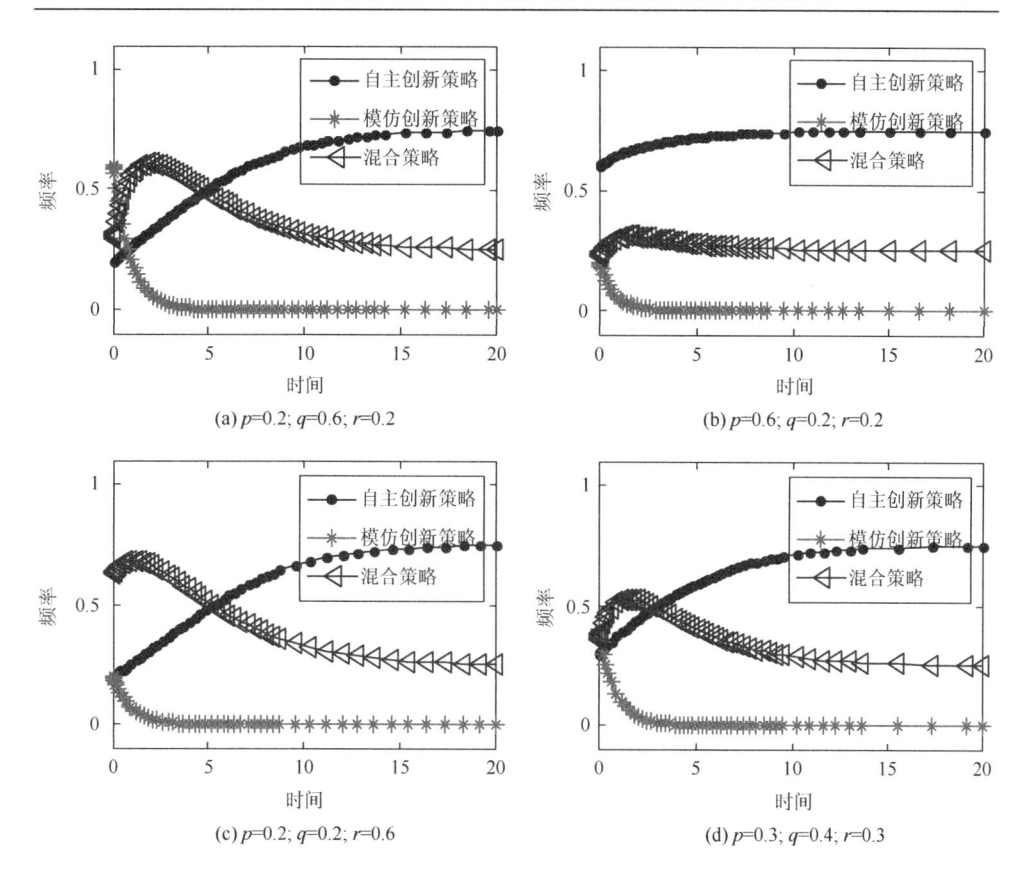

图 5.2　四种不同频率条件下企业技术创新策略演化趋势图

这一阶段。谢伟（2006）在研究我国企业的创新分布时指出，我国本土企业优势主要体现在活跃的外围创新领域，由于我国企业对本土市场有更加深入的了解，我国企业获得了相对跨国公司更好的竞争绩效，这表现在这一阶段混合策略增长速率高于自主创新策略的增长速率上，同样也表现在采纳模仿创新策略企业频率逐渐减少上。选择自主创新策略企业频率缓慢增加，这是因为少部分选择企业自主创新能力逐渐增大并最终演化成完全的自主创新策略。第二阶段中，采用混合策略的企业频率在增加到一定程度后开始逐渐减少，采用自主创新策略的企业仍旧增加。在市场竞争中，采纳模仿创新策略获取技术知识的企业将被淘汰，而提高企业自主创新能力将显得越来越重要，这种演化趋势要求企业（此时大都是采用混合策略企业）转变战略，更加重视自主研发在企业发展中的重要性。这种技术创新策略演化趋势符合我国"十二五"规划"转变发展方式"的要求，也符合我国企业在全球价值链中逐渐升级的过程。

从以上分析可以看出，企业技术创新策略演化趋势总体呈现"模仿创新策略—混合策略—自主创新策略"的过程。以 $p=0.2$，$q=0.6$，$r=0.2$ 的企业频率为例，企业技术创新策略演化路径图如图 5.3 所示。调节不同参数，演化路径（Ⅰ、Ⅱ、Ⅲ）会有不同的变化。

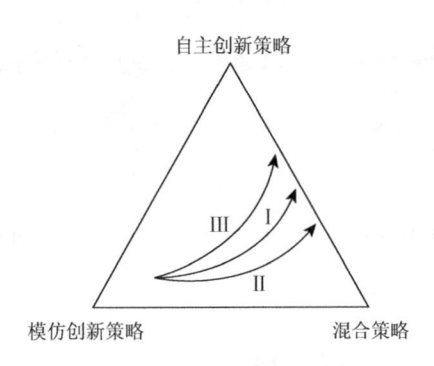

图 5.3　企业技术创新策略演化路径示意图

1. 从模仿创新策略到混合策略

在市场出现技术机会后，采取模仿创新策略的企业通过购买、引进外部核心技术，模仿自主创新企业的先进产品，迅速形成生产力，参与市场竞争。在技术获取方面，此时产品的核心技术来自于企业外部，企业通过购买先进设备，购买核心技术（包括向国内企业和跨国公司购买先进技术），技术转让获取产业成熟技术或者已经弃用的技术等方式，生产出和自主创新产品类似的产品。另外，企业采取和自主创新策略企业联结的方式，通过代工生产（original equipment manufacturer，OEM）等方式获得自主创新策略企业技术支持和指导。在技术创新能力的积累方面，企业通过委派技术人员在生产实践中，干中学，用中学，不断吸纳总结国内外先进技术知识，并进行编码保存。通过逆向工程、引进外部人才等方式，获得自主创新企业的核心知识。

在模仿创新策略中胜出的企业积累了大量消化吸收的知识，企业在系统整合技术知识的基础上发展自主的技术创新能力，这种能力能够让企业在模仿吸收外部知识时具有更强的选择辨别能力，同时能够增强企业在交易中的谈判议价能力。此时，企业的技术创新策略转向混合策略。混合策略企业能够在面对不同的竞争对手时采取不同的策略，在获取技术知识方面兼收并蓄、中西结合，加上对市场和客户需求的深刻理解，因此在一段时间内的竞争中混合策略企业频率能够持续增长。这一趋势符合我国企业技术创新策略演化实际，因此，对于我国企业具有重要意义。

2. 从混合策略到自主创新策略

混合策略企业并不能一直增长下去，初始比例是 $p=q=0.2$，$r=0.6$，此时混合策略企业在群体中的频率最高,混合策略企业频率先增长后下降,而自主创新策略企业频率持续增长,这说明混合策略企业频率增长到一定程度后会转变为自主创新策略企业。张米尔和田丹(2008)在《从引进到集成:技术能力成长路径转变研究——"天花板"效应与中国企业的应对策略》中指出,企业的集成创新会受到"天花板"效应的影响。混合策略的技术创新方式在一定程度上类似于集成创新,当混合策略企业频率达到一定程度后将会减少并保持到一定频率。频率下降的原因是,此时混合策略企业的技术创新能力与自主创新策略企业技术创新能力的差距已经不大,吸收能力的作用已经没有模仿创新策略阶段那么明显,而企业的自主创新能力相对来说还有一定差距,此时企业通过发展自主创新能力向自主创新策略的企业演化具有了内在的动力。混合策略企业的吸收能力要高于模仿创新策略企业,因此在竞争中自主创新策略企业也会相应地提高技术保护能力来限制技术外溢,以此来增强企业在竞争中的地位,这对于自主创新策略企业具有很大意义,并对我国企业自主知识产权保护具有借鉴作用。

第6章 结　　论

6.1　通过竞争型创新互动提升本土企业能力的对策建议

当今社会是一个知识经济时代，知识是企业取胜的核心竞争力。而经济全球化不但使知识利用率达到高度利用的程度，而且使跨国公司与本土企业之间的互动更加明确激烈。随着我国企业不断地提升自我创新能力，进入我国的跨国公司与本土企业间互动的频率与质量也越来越高。竞争型创新互动给企业带来了好处，也展现了未来全球经济发展的大趋势，为了能够更加吸引跨国公司的进入，以及帮助本土企业不断地创新发展实现赶超，本章在前面理论与实际案例结合分析的基础上，提出通过竞争型创新互动提升本土企业能力的对策建议。

6.1.1　本土企业角度的对策建议

企业是创新互动的主体，而创新互动最终的结果也是为了使企业能够不断地发展。本土企业的发展对于我国的市场经济发展是相当重要的。在未来的发展中，面对跨国公司的入侵，更多的是需要企业能够结合自身的条件，积极地应对跨国公司的竞争。本书从本土企业的视角提出以下对策建议，以期使本土企业在与跨国公司的竞争过程中立于不败之地，实现知识势差减小，最终实现赶超。

1. 加大自主研发创新，减小本土企业与跨国公司间知识势差

提高技术创新能力、发展具有自主专利权的高新技术离不开资金投入，目前高新技术领域的专利申请较少，其主要原因之一就是研发投入的不足。中国目前的研发经费投入还不及美国的 1/30，约为日本的 1/18，远远低于发达国家的研发水平。目前高新技术企业的技术创新能力普遍比较薄弱，由技术障碍所导致的成本高、市场小是制约高新技术产业发展的一个重要因素。国内外多项研究表明，研发投入与专利的申请量之间存在密切的正相关关系，没有一定量的人力物力投入不可能生成相应的专利成果。在本书的研究中，专利申请量被认为是企业所含有的知识存量，最终通过案例分析，认为知识势差不断缩小，企业间的互动不断增强。直到知识势差再次出现增大时，说明企业已经反超。这是本书的研究结果，

同时也说明要实现本土企业的反超，知识势差应该在为零之后，出现增大的趋势。也进一步说明，本土企业的专利申请量在不断增加，最终超过跨国公司的专利申请量。

因此，本土企业为保持可持续发展就必须要求有更多的研发投入来支援，否则一味地引进国外相关技术并充当企业核心竞争力的角色，最终会使本土企业的发展受制于人。本土企业在积极利用政府对自主创新方面的政策支持的同时，本身也应该从长远发展考虑加大对研发的投入，发展自主的专利权，提升企业创新能力，为企业的长远可持续发展打好基础。

2. 增强本土企业的吸收学习能力，实现知识再创新

目前国内产业界在提到创新时，往往过多地强调的是原始创新，也很容易使人们片面地理解成企业创新就是原始创新。而原始创新实质上主要是指重大科学发现、技术发明、原理性主导技术等原始性创新活动。而国内本土企业在创新人才、资金、技术及设备上的缺陷，会导致企业如果过度强调原始创新，一方面，可能会使企业面临巨大的技术风险和市场风险；另一方面，可能会导致国内企业把原始创新口号化。总之，这些都不利于本土企业创新能力的提升。反观跨国公司的创新，它们更善于在借用外部力量的基础上进行创新，其实在我国的研发创新中，最常见的消化吸收再创新就是这种创新形式。本土企业需结合公司发展战略以及产业技术路径，高度重视消化吸收再创新的创新形式，而不是片面地强调原创性。

此外，本土企业的这种创新形式并不等于不引进技术，而是要正确处理创新与引进技术的关系，我们要充分借鉴跨国公司先进的科技成果，把引进技术的消化吸收再创新作为增强本土企业创新赶超的重要途径。

鉴于目前本土企业在引进消化吸收方面存在的问题，应该将重点集中在以下三个方面：一是，要严格把关引进的技术，杜绝盲目引进，把技术引进同优化产业结构、提升企业竞争力结合起来。二是，要加大对消化吸收的投入，提升本土企业再创新的能力，脱离对外技术依赖的恶性循环。三是，要培养本土企业的人才，提高企业人才的需求素质。本土企业应该结合自身的产业，去专业领域突出的高校选拔专业性人才。通过本土企业针对性的培训及师傅带徒弟等模式，提高企业人员的学习能力。通过内外结合的方式，实现知识再创新和本土企业的赶超。

3. 适应全球经济环境，不断调整企业战略，实现赶超

罗宾斯曾说，战略是一个总方向，是对组织向何处发展以及如何发展的一个总规划。学者扎克就知识与战略的联系提出了战略缺口和知识缺口两个概念。他

认为战略缺口是企业的竞争能力和竞争意识间存在着缺口,而知识缺口是企业在实现其战略时与企业已拥有的知识间存在着缺口。结合两者的观点,企业的战略是不可或缺的,同时在发展的过程中势必也存在着战略缺口,所以企业战略需要创新。同理,在企业的发展过程中,知识存量不断变化,对新知识的认知运用以及新旧知识的结合都将存在知识缺口。因此企业间必须通过知识的创新互动,来填补这两个缺口,从而使企业战略创新成为可能。换言之,就是让新知识创新成为企业战略创新成功的基础。

由于环境的不断变化,现有的一些知识也会因为背景不适变得不再具有经济价值,那么这些知识就需要更新改进再创新运用。战略创新的实行,需要知识的不断更新创新。新知识的创新不及时,则必然会导致知识存量的下降,战略创新也就无法实现;若一再使用旧知识,战略创新根本无从说起,企业也不会有所发展,只会随着时间逐渐消亡。所以新旧知识的交流创新必须要通过企业战略创新来实现。换言之,企业战略创新的实施必然催化加快了企业间创新互动的发生。

在案例分析的过程中,华为为我国的本土企业做出了很好的表率作用。在面临思科不断竞争本土市场的情况下,华为通过自身不断调整企业战略,在不同的时代表现出不同的战略方法,成功突破思科阻碍的困境,最终实现了赶超。说明顺应环境的变化,不断调整自身企业战略是相当重要的。

4. 调整本土企业文化,积极开展国内外各种创新合作

随着研发全球化和本土化的加速,跨国公司试图通过向低成本国家转移生产的方式来减少成本,本土企业要充分把握住产业重组和转移的良好机遇,积极参与全球分工,加大企业本身的自主研发、消化吸收再创新的力度。积极参与全球分工并不意味着我国应该处于全球分工的最低端,而是要借此机会积极利用跨国公司的国际资源,紧密联系在一起,充分发挥我们的后发优势,逐步占据全球产业分工创新环节,不断推进本土企业在竞争中地位升级。

跨国公司之所以能够持续保持创新的领导位置,重要原因之一就是其具有能够整合全球资源再创新的能力。本土企业在强调自身创新时,应该认清此创新不等于自己创新。我们是在开放的环境下,在全球化的背景下开展技术创新,当然可以整合全球资源为我们所用,特别是当大批跨国公司进入中国建立研发中心的时候,本土企业要积极寻求全球范围内的创新互动,充分利用跨国公司先进技术所产生的知识势差溢出效应,学习和吸收跨国公司的创新资源。

尽管如此,跨国公司与本土企业在竞争创新互动发生的过程中,对于不同的经济、文化、国度,公司的文化及管理制度等都存在着差异。文化的不同极有可能导致创新互动过程中出现不一致,增加管理协调的成本而终止互动。因此互动

的初期要明白竞争对手的传统文化，往往公司的知识与文化是密切相关的，只有了解了竞争对手的企业文化及创新意图，才能很好地把握方向，实施创新赶超。"知己知彼，百战不殆"正是告诉我们要了解对方，在创新互动的过程中才能对症下药，采取正确的决策行动。且产品的创新最终要适用于市场，双方互动在制定发展的战略时要因地制宜，各方面都需要调整。

6.1.2 政府角度的对策建议

一个国家在一定的制度体系、科技基础条件下，决定创新能力的关键因素之一是创新环境。在市场经济中，政府的主要职能是设计政策与制度，搭建金融、税务、教育、人才等制度平台，为企业提高核心竞争能力营造良好的创新环境。这种创新环境的好坏直接影响了企业创新的动力和成效。因此政府的创新政策对于推动本土企业的不断发展起到了非常重要的作用。根据前面各章的理论研究、案例分析等，本书给政府面对竞争型创新互动时，提出有助于本土企业实现技术赶超的对策建议。

1. 鼓励跨国公司研发机构在本土建立高层次的研发机构

目前本土企业的研发创新能力，大部分还不能与跨国公司相比较。知识存量较为薄弱，在创新互动的过程中，无法占据主导位置，往往是以模仿创新为主的创新方式，在一定程度上，并未达到实际意义上的技术创新，未实现本土自主创新。尽管本土企业也投入了大量资金建立研发机构，但是由于层次、基础薄弱，效果并未达到理想状态。

在案例分析中，思科连续几年在中国及亚洲地区建立研发机构，目的也是能够更好地融入亚洲市场。这对于本土企业来说既有利也有弊。面对竞争者的竞争行动，我们要把握有利的一面，将其利用最大化，帮助实现对本土企业的创新。因此政府可以通过招商引资或者合作等途径，为跨国企业的研发机构进入本土提供优惠政策。鼓励跨国公司机构在本土建立高层次的研发机构，带动本土企业提高研发创新能力，减少知识势差，增加两者创新互动。

2. 增加政府对基础研究的投入，改革科研体制

企业间创新互动的前提是知识存在势差，但是低势差一方必须具备一定的技术创新实力才能对知识进行吸收，因此，本土企业如果想要学习并吸收跨国公司先进技术并在本土企业得到有效的扩散，就要提高自身的技术创新水平。在现实经济环境中，大部分本土企业的技术研发能力仍然不具备与跨国公司相匹配的知识水平，知识势差相当大，由此产生的创新互动也就不明显。因此无

论是在企业研发活动上、还是在市场竞争上,本土企业相比跨国公司均处于较劣势的位置,从而直接影响其创新互动行为。

因此,政府应扶持本土企业的研发活动,通过拨款、补贴、贴息、风险投资和财政信用等方式对关键性、基础性及公益性技术的研究与开发进行大力支持;同时加大对本土企业研发中心、技术中心的扶持力度,可以采用分期资助、定期考核、滚动扶持等方式在重点产业或行业领域择优扶持并发展一批规模较大、具备较强自主研发能力的企业研发中心、技术中心,从而达到提升本土企业技术能力的目的。同时也要鼓励本土企业积极参与跨国公司的国际生产合作网络。跨国公司进行海外投资在很大程度上是对其自身的一种价值链分割行为,根据各环节业务以及各地区的不同特点配置到不同国家,通过融入跨国企业全球生产合作网络,本土企业可以更快、更全面地获取市场信息与技术供应等,从而加快提高企业自主创新能力的步伐;与此同时鼓励本土企业推进产品进行国际标准认证,主动接轨国际生产标准体系,按照国际规范进行企业管理,提升基础技术水平。

3. 加强人才培养和引进力度,保证高素质、国际化人才的供给

知识的生产主体和传播载体是创新人才。从生产要素的配置角度出发,各种要素的配置要服从于市场调配的规则,随着市场的开放和知识产权保护力度的加强,要素流动更加剧烈和频繁。在这种背景下,以模仿消化为主的新技术跟踪和应用逐步被各国法律严格禁止,从而在市场上失去流通的价值,而以人为主要载体的知识流动成为决定企业市场成败的关键。人才流动对不同企业的创新能力的影响是不同的,对于人才流入企业来说,人才带入了新的知识和不确定性,为企业注入了新活力,必将提高企业的创新能力。对于跨国公司来说,当地人才的优秀程度也成为一个选择的条件,若当地拥有大量的高技术人才,会加强两者的交流。另外优秀的人才对于本土企业来说奠定了知识再创新的基础。不断提升自主创新能力,必将使跨国公司与本土企业进行更多的创新互动。尽管近年高校毕业的高等教育人才日渐增多,但本土毕业生整体素质与国外高素质人才还存在一定的差距。因此重视高层次人才培养,并继续实施人才培养计划也是必要的。

4. 加大知识产权保护力度,营造尊重知识产权的社会氛围,改善创新环境

跨国公司建立了较为完善的企业知识产权管理制度,在创新互动过程中具有积极的意义。我国企业现行的知识产权制度以专利制度为主要内容。专利制度的建立确实推动了技术创新活动的发展。1985 年我国颁布《中华人民共和国专利法》以来,企业利用专利保护,交换专利成果,加快企业技术的流动速度。日本学者斋藤优 20 世纪 80 年代的调查显示:绝大多数企业认为,最有刺激性的因素是专利制度的存在。我国现有的本土企业,基本上都建立了专利制度。说明企业家已

经意识到了专利制度的重要性。企业专利制度规定了对企业发明人的创造投入的补偿，因此企业的专利制度不仅具有鼓励研究开发和创新应用的作用，而且对企业的专利资产进行了有效的管理，便于获取商业效益。

知识产权制度的实质是一种利益机制，它对人们在发明创造及应用过程中的利益关系加以确认和保护。知识产权制度通过法律授权的形式确认智力成果的产权，在企业知识产权制度的应用中，它保证了企业的利益，对企业的创新活动存在激励，进而影响企业间创新互动。本书认为知识势差是引发企业间创新互动过程的驱动因素。

企业知识产权制度使用不当会对企业经济效益带来不利影响。一方面，不注重知识产权保护会使得企业丧失竞争优势，难以持续地获取"创新租金"；但另一方面，企业保护自身知识产权又需要支付一定的成本，尤其是反击侵权行为需要耗费较多的时间和资源。而在联盟等合作创新过程中，过于严苛的知识产权保护也不利于合作关系的深化。因此企业自身要对自己的知识产权制度进行适当的使用，而政府更应该履行其市场监管的职能，把握知识产权制度的使用度。保证跨国公司与本土企业创新互动过程中知识产权的属性清晰，使跨国公司愿意提高在本土的研发水平，从事更为高层次的研发活动，同时也使本土企业有更多的互动机会。所以，各知识产权管理部门要统筹协调，通过不断完善知识产权法律法规和知识产权人才培养体系，创造良好地吸引跨国公司开展创新的法治环境。

5. 建立科技园区，为知识流动创造空间便利

美国硅谷注重科技、社会、经济三位一体的联系，既关注科技创新又帮助企业创业，在短短的40多年里，硅谷成为全世界最具影响力的高新技术产业园区。硅谷的成功，不单单振兴了美国经济，同时引发了全球信息科技革命。建立高科技园区，成为推动高新技术产业发展的有效途径，形成了一种世界性的潮流。我国为落实邓小平南方谈话，从1984年开始一直到现在，已经出现了很多经济开发区，实现了经济快速发展的目标，体现了重要的经济和社会效益。当前，开发科技园区在国家创新体系建设中居于核心地位，加速其规划与发展，已成为我国发展战略中的重要措施。

建立科技园区，可以将一个地区内所有相关的企业紧密地联系在一起，为它们提供更为方便的交流平台。地域问题一直都是困扰跨国公司与本土企业互动的因素之一，一方面，知识在流动的过程中，距离的增加导致知识传递的有效性降低；另一方面，距离的增加导致彼此交流的信息误差变大，这可能会导致信息沟通失真。政府为企业间知识交流提供一个缩短距离的平台，必定会使跨国公司与本土企业创新互动加强。

在这个过程中，政府为科技园区的发展提供土地、一定额度的投资，并参与

管理日常运营。对科技园区进行规划,建立配套设施,提供科技园区赖以生存的基础研究和培训所需的设施,制定税收、金融、土地、人才等方面的优惠政策,能够更好地吸引国内外的资金、技术人才,推动科技园区内企业的发展。为科技园区的发展提供较为宽松的物质环境和智力环境。宽松的环境及距离问题的解决,必然会促进跨国公司与本土企业创新互动。

6.2 不同情境下促进合作型创新互动的对策建议

本书在第 3 章和第 4 章中,分别对缔约和履约两个阶段,跨国公司与本土企业创新互动的策略选择进行了理论分析,建立了博弈模型并进行均衡分析,对混合策略均衡进行数值试验,讨论在不同阶段,根据不同条件的变化,跨国公司和本土企业在创新互动中将会选择不同的策略,如何促成跨国公司与本土企业创新互动的实现,讨论在怎样的条件下,跨国公司与本土企业能更好地完成互动。本书将从跨国公司与本土企业的合作机制角度出发,从以下几个方面来提出相对应的策略选择(图 6.1)。

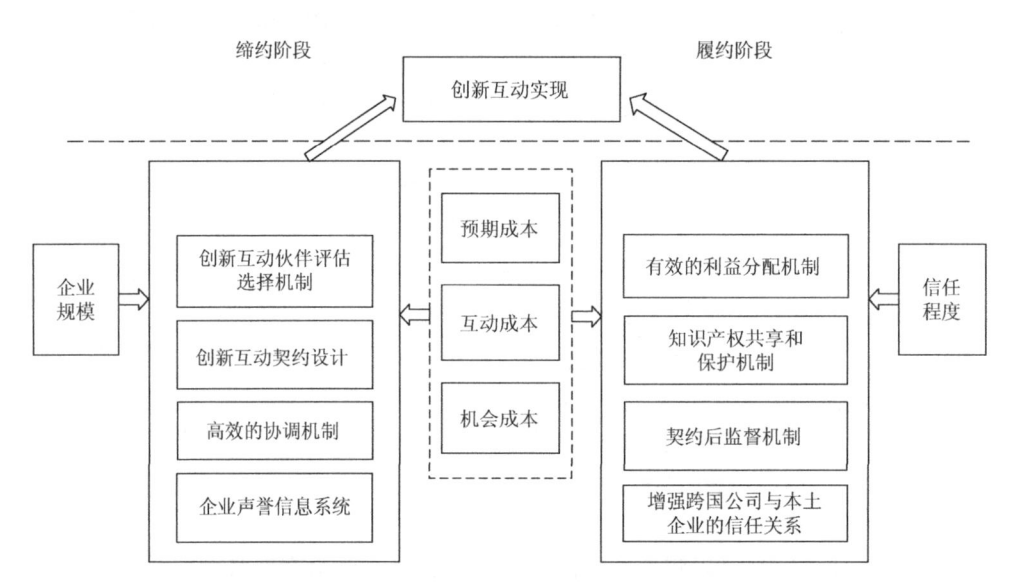

图 6.1 两阶段视角下创新互动的策略

(1)缔约阶段,分别从创新互动伙伴评估选择机制、创新互动契约设计、高效的协调机制、企业声誉信息系统四个方面来对跨国公司与本土企业创新互动策略选择进行详细阐述,以实现两个企业达成创新互动的契约。

(2)履约阶段,分别从有效的利益分配机制、知识产权共享和保护机制、契约后监督机制、增强跨国公司与本土企业信任关系四个方面来对跨国公司与本土企业创新互动策略选择进行详细阐述，以激励两个企业在创新互动中有真正的互动行为。

6.2.1 缔约阶段的对策建议

1. 完善创新互动伙伴评估选择机制

从原则上来说，要想从根本上避免创新互动中跨国公司与本土企业的机会主义行为，那么就要选择没有机会主义行为倾向的、有真诚合作创新意愿的伙伴，这种选择的重点在于对潜在合作伙伴的技术创新能力和资源以及创新互动动机的评估上。对创新互动伙伴技术创新能力和资源的评估，可以有效地规避潜在创新互动的伙伴藏匿自身劣势和不足，夸大自身技术创新能力和资源等各种歪曲信息的行为，不仅可以解决契约前的逆向选择机会主义行为，还可以解决契约后合作创新伙伴的道德风险和敲竹杠的机会主义行为。但仅此而已是不够的，因为潜在合作伙伴是否有意愿将其技术创新能力和资源应用于双方的创新互动中存在不确定性，有必要进一步对合作伙伴选择创新互动的真实动机进行评估。具体而言，完善对潜在合作伙伴的评估选择应该做到以下三方面。

（1）制定创新互动合作伙伴技术创新能力和资源的资格认证标准与程序。例如，基于创新互动伙伴的资格认证标准，跨国公司与本土企业在创新互动中可以与对方采取以下措施。

开展为期 1~3 个月的短期创新项目或试验项目，在此期间观察了解潜在合作伙伴的技术创新能力和资源，从而剔除那些不符合创新项目资格认证标准的潜在合作伙伴。另外，这种资格认证程序需要潜在合作伙伴投入相应的时间、财力、物力和人力，这就能够在一定程度上迫使那些不符合技术创新能力和资源资格认证标准或另有目的并不打算长期进行创新互动的潜在合作伙伴主动放弃，因此，创新互动合作伙伴技术创新能力和资源的资格认证标准在一定程度上也是潜在合作伙伴的一种自我筛选机制。

（2）对创新互动的伙伴的声誉及其在与其他企业合作创新互动中的表现进行评估。企业声誉的建立需要其在长期的合作创新中履约，其投入的成本也需要在长期的履约中才能收回。从这个意义上讲，声誉越高的潜在创新互动伙伴其机会主义行为倾向性就越低，因为机会主义行为会使其长期建立起来的声誉大受损失。且声誉作为一种信号，不仅能反映潜在合作创新伙伴的诚信信息，还能传递企业的技术创新能力和资源信息，声誉在一定程度上可减少因信息不对称而发生的契约前逆向选择机会主义行为。另外，通过对潜在创新互动伙伴与其他企业合作创新中的表现进行评估，可以得到许多潜在伙伴的真实信息。例如，在选择某一方向的技术创新项目时，可以对潜在伙伴与其他企业在类似项目中创新互动的具体表现进行考察了解，以此作为选择创新互动伙伴的决策因素之一。因此，创新互动的伙伴的声誉及其在与其他企业创新互动中的表现可以作为创新互动伙伴的评估选择依据。

（3）加强对潜在创新互动伙伴选择创新互动的真实动机的判断。例如，有些跨国公司或本土企业出于扩大市场份额的需要想进入对方的销售网络或为了获取某项新的技术，契约签订前极力歪曲信息，随意做出各种承诺，在契约签订后一旦进入了对方的销售网络或获取了想要的新技术后就会采取各种违背原有承诺的机会主义行为，特别是那些刚刚成立不久急需拓展业务的企业更有可能出现这种情况，这也是为什么企业经常要选择一些成立时间久而且声誉高的企业进行创新互动的原因之一。

因此，加强对潜在创新互动合作伙伴选择创新互动的真实动机的判断是选择合适创新互动伙伴的重要方面。尽管在理想状态下，只要选择没有机会主义行为倾向的、有真诚创新互动意愿的伙伴就能从根本上规避对方机会主义行为的风险，但在实际中，想只通过对创新互动伙伴的选择来彻底规避机会主义行为是做不到的，仅就评估选择机制本身而言就存在诸多局限性。

（1）无论多么完善的评估选择机制都是基于跨国公司与本土企业现有的属性和对潜在合作伙伴技术创新能力和资源的当前评估标准，如果在创新互动的延续期间出现新的环境变化，就很难保证在新的环境中这些属性和标准仍然有效。

（2）通过仔细地评估和甄选或许能够识别出拥有合适技术创新能力和资源的创新互动伙伴，但对潜在合作伙伴进行创新互动动机的评估却存在相当大的困难，即便声誉能传递关于潜在互动伙伴技术创新能力和资源、诚信程度等信息，却也不能传递关于潜在合作伙伴创新互动动机的信息。

（3）对创新互动伙伴技术创新能力和资源制定的认证标准可能存在偏差，尤其是那些难以量化的指标。

（4）将声誉作为选择机制也会有一些本质上的局限性，信息传播是一个不完美的随机过程，并不是每一个信息都能够在市场中以相同的速率被发现和交流，如果潜在创新互动伙伴的行为信息不能在足够大的信息网络中传播，那么仍会导致信息不对称，基于这种信息不对称，它们仍会歪曲信息、隐藏其曾经的机会主义行为，从而骗取声誉。因此，有必要同时采取其他的机会主义行为治理机制。

2. 优化创新互动契约设计

契约是一组承诺的集合，这些承诺是签约方在签约时做出的，并且预期在未来（签约到期日）能够被兑现。跨国公司与本土企业在创新互动中建立的契约需要关注的是契约后由信息不对称所导致的违约等道德风险机会主义行为。因为即使参与创新互动企业对创新互动的初衷和它们各自的收益能够在契约签订前达成明确的共识,契约签订后创新互动中的企业对各自的行为也无法预期,信息不对称状况无法得到改善。同时,虽然契约设计得越复杂,跨国公司和本土企业面对未来不确定事件时选择采取机会主义行为的可能性将越小,但是契约越复杂,其签约成本也就越高,契约对未来环境变化的适应性也越差。因此,创新互动契约的优化设计应当以承认信息不对称为前提,设计中既要对创新互动的收益进行合理的收益分配,使参与创新互动的两个企业都能获得满意的收益进而产生激励机制,也要对创新互动中采取背叛等机会主义行为的企业进行惩罚,以确保契约的顺利维持和执行进而产生惩罚机制,形成激励相容机制。满足这样条件的创新互动契约应当是一个能规制参与创新互动企业自动履约的契约。

在这种自动履约的契约设计中,激励机制设计方面,根据前面对跨国公司与本土企业创新互动的博弈模型分析可知,参与创新互动的企业所获得的互动预期收益只需要大于互动的成本,或在所获得的互动预期收益小于互动成本的情况下,只需要互动背叛的机会成本大于互动成本,跨国公司与本土企业的创新互动策略最终收敛于履行契约,进而促进和维持跨国公司与本土企业间的互动关系,且参与创新互动企业获得合理收益分配后也会降低其机会主义行为的机会成本,从而降低企业选择机会主义行为的倾向性;惩罚机制设计方面,根据前面的博弈模型分析可知,机会主义行为成本只需要达到参与创新互动的成本,便可使参与创新互动企业策略最终收敛于履行契约,维持创新互动。

另外,对契约后机会主义行为治理的契约设计方面要注意,跨国公司与本土企业创新互动契约的设计应更注重激励机制方面的设计而不是以明晰的契约条款等待法院强制执行违约事件。现实中,大多数商业关系依赖一种私人的、可履约的和不明晰的契约而不是法院的强制执行,因为对机会主义行为的解决办法通常是依靠政府或其他外部机构实施的明确的履约保证。然而在跨国公司与本土企业创新互动中发生机会主义行为,即使诉诸法律,有着合作关系的创新互动伙伴也仍会利用法庭只执行字面意义上的不完全契约条款而无法实现其契约前的互动意图。

3. 建立高效的协调机制

根据第 4 章分析的结果可知,跨国公司与本土企业在进行创新互动策略选择时,受到对方企业规模的影响,跨国公司的企业规模大,本土企业更愿意进行创新互动,而跨国公司更愿意选择企业规模小的本土企业进行创新互动。跨国公司与本土企业的创新互动不同于其他机构的合作创新,它们各自的企业文化、国家环境都存在着差异,其创新互动的环境存在复杂性,协调难度较大,建立高效的协调机制对跨国公司与本土企业的创新互动的实现极为重要。

首先，应建立信息沟通平台，方便两个企业发布信息、提出和解答问题、发布意见和建议、实现信息互动，方便彼此之间及时准确地披露联盟相关信息，从而实现信息的相对公开化，从而打破信息不对称的情境。

其次，应建立协调制度，制定明确的规章制度和执行保障措施。在制度中，明确沟通的途径和方法，如明确定期的协调、交流会议，明确跨国公司与本土企业的联系人等。在协调制度中，重要的是建立约束与激励制度，对不守信誉和违规、违纪行为采取处罚措施。

最后，应在创新互动中设立专项协调负责人，明确协调负责人的职责，使其成为双方协调的枢纽。协调的职责应包括：负责建立沟通渠道，负责与双方的定期、非定期沟通，负责合作项目的牵线搭桥，负责解答协调中的问题，负责解决合作中的纠纷，负责监督双方的行为，提供违反合作行为的处理建议等。

4. 建立和完善企业声誉信息系统

当前关于企业声誉的信息还仅限于其对商业银行的信用等级和贷款记录，而涉及跨国公司与本土企业创新互动中机会主义行为等信息尚没有一个信息系统可供企业查询参考。企业声誉信息数据的建立尚待完善。在创新互动过程中，如果互动是一次性的，根据机会主义行为的特征，互动伙伴不会也不必遵守契约。

但在实际中，互动伙伴间的合作关系往往是多次性的、持久的。如果企业不遵守契约，而采取机会主义行为，那么以后其他企业就不愿意同它进行合作，而是选择与别的声誉好的企业进行创新互动。因此，跨国公司与本土企业应当共同建立和完善企业声誉信息系统，将创新中采取机会主义行为的企业的信息纳入声誉信息系统。跨国公司与本土企业在进行创新互动前，可先参考对方企业的声誉信息，如果对方企业声誉不良，则不与之进行互动，进而增加了企业采取机会主义行为的机会成本，促使跨国公司与本土企业在创新互动过程中履行契约。根据前面的博弈模型分析可知，这与跨国公司与本土企业在互动中的背叛机会成本作用机理类似，同样可减少企业因机会主义行为所获得的额外收益，当采取机会主义行为的企业的机会成本增加到使企业采取机会主义行为所获得的收益小于履行契约继续互动所获得的互动收益时，便可使企业策略最终收敛于履行契约，维持创新互动关系。

企业声誉信息系统的作用机理是通过社会信息网络来降低参与创新互动企业的信息不对称程度，进而抑制互动伙伴的机会主义行为倾向。高新技术企业的声誉有其固有的市场价值，建立声誉需要可观的成本，如果机会主义者的行为信息能够及时在足够大的社会信息网络中传播，它们的企业形象与声誉将会受到严重损害，网络中的其他企业将会因它们的不良记录而尽力避免与它们进行创新互动，或者在创新互动中额外小心，这势必将使它们在市场竞争中的生存能力大为降低，这也将增加它们的机会成本，使它们难于与其他企业建立新的创新互动关系，失去长期的业务机会，甚至遭到业界的唾弃，从而损害它们的利益。

6.2.2 履约创新互动的策略选择

1. 制定有效的利益分配机制

在契约建立后，跨国公司与本土企业在进行创新互动策略选择时，受到互动预期收益和互动成本的影响，当企业的互动预期收益大于互动成本时，两个公司更愿意选择进行创新互动。跨国公司与本土企业进行创新互动的根本目的就是实现双赢，而实现双赢的必需条件是建立公平的分配机制。

首先，在建立利益分配机制时需要发挥市场的调节作用，依据市场规则建立分配机制，合作各方在自愿的基础上通过协商来制订合作中的利益分配方案，根据政府的相关政策规定，充分利用市场机制为跨国公司和本土企业两个不同利益主体创造公平、合理的竞争环境。

其次，要建立知识产权保护机制，在设计分配方案的同时，要注重知识产权的相关利益分配问题，在创新互动中要制订具体的知识产权保护措施，制订知识产权参与分配的规则。不仅需要制订所投入的知识产权参与分配的规则，更要制订合作开发所创造的知识产权归属规则，对权利的归属给予清晰界定，并强化保护措施。

再次，在跨国公司与本土企业的创新互动中，要建立利益分配协调机制，需要建立通畅的利益沟通渠道，建立沟通枢纽或沟通平台，以利于合作各方的及时沟通。还应建立利益调节机制，由跨国公司与本土企业各自派遣人员，组合设立调节部门，以便于当合作过程中发生利益纠纷时当事方寻找到调节的地方，以及时解决利益纠纷问题，防止创新互动中矛盾的积压。

最后，要重视合同的作用，在合同中应该明确、详细规定利益分配方式和利益划分标准，明确给定违约责任。联盟组织应发挥监督作用，保障合作各方按照合约进行利益分配，并对违约方采取处罚措施。

2. 建立双方认可的知识产权共享和保护机制

技术知识是跨国公司与本土企业在创新互动中实现知识共享和知识转移的重要内容。这除了需要合作双方具有较强的合作意愿、组织能力和信任程度，更多地取决于共享技术知识本身的系统性、完整性、适用性等客观属性。

首先，在跨国公司与本土企业之间的创新互动能够成功转移的知识一般为适用的知识。为提高知识转移效率，使双方能够在知识共享中真正互惠互利，合作各方应加强知识、经验、文化等多方位、多形式的交流与互动，不仅加强技术协作，同时也加强文化交流，使合作方能够相互影响、渗透，达到技术、文化的共同融合，从而增进了解，提高共享知识的适用性。因此建立合理的知识共享机制至关重要。

其次，合作创新的员工之间必须共享知识。因此，一种潜在的保护知识产权的方法是直接关注于选派何人参与合作。直接参与合作的员工责任重大，他们必须注意和服从企业关于知识产权保护的规章制度，了解应该共享知识的内容及边界。

最后，创新互动中知识的流动和员工的交流会引发知识外溢。从知识拥有者的角度来看，尤其对于经由大量投入才获得创新知识的所有者而言，知识外溢带来的可能是知识资产流失、投入难以回收、竞争优势丧失等市场风险。跨国公司与本土企业可以签订知识产权保护协议，以此来限制重要员工的流动频度，降低知识产权风险。

3. 建立和完善契约后监督机制

跨国公司与本土企业在创新互动中，需要有充分的可用信息支持才能发挥有效的作用，如企业创新互动过程中合作伙伴因合作而获得的额外收益和因机会主义行为而获得的额外收益等信息，如果这方面信息不充分，则很难对创新互动的契约进行优化设计。在跨国公司与本土企业的创新互动过程中，减少或者杜绝机会主义行为的另一个良好途径就是建立比较完善的契约后监督机制。契约后监督可以分成两种监督模式：一种是跨国公司与本土企业之间的相互监督；另一种是让与参与创新互动的企业无利益关系的第三方进行监督。参与创新互动的跨国公司与本土企业之间的相互监督可以采用定期到互动伙伴单位参观考察和不定期检查相结合的方式进行，以提高监督力度。让第三方进行监督就是委托专业的管理咨询公司对互动伙伴单位进行监督。

专业的管理咨询公司将发挥其公司的专业优势，将用多种通用的方法相结合的方式来对互动伙伴单位进行监督，以减少互动伙伴的机会主义行为。契约后监督主要有两种机制：一方面契约后监督降低了信息不对称的程度，提供充分信息监控互动伙伴是否履行契约；另一方面契约后监督产生了激励（如奖励）与约束（如惩罚）效应。信息的不对称存在于跨国公司与本土企业创新互动的关系中，信息不对称为互动伙伴采取机会主义行为提供了可能性。通过建立完善的契约后监督机制，参与创新互动的企业可以及时发现并指出互动伙伴的机会主义行为，从而克服信息不对称所引致的道德风险问题；完善的契约后监督机制增强了企业发现互动伙伴机会主义行为的能力，也增强了跨国公司与本土企业对彼此施加激励与约束的能力。另外，监督机制本身也会对互动伙伴施加一定程度的社会压力，从而增加了其履行契约维持创新互动的意愿。

但完善的契约后监督机制需要具备三个前提条件。

（1）契约后监督机制主要针对那些与信息不对称相关的机会主义行为，如果机会主义行为的根源与信息无关，那么应用契约后监督的治理机制是不合适的。例如，即使在完全信息的条件下，契约后监督机制对于那些利用依赖不对称而采取拒绝修约或要挟让步的机会主义行为是难以奏效的。

（2）参与创新互动的企业要有对机会主义行为一定的监督标准，并确定适当的监督范围，如果对机会主义行为的监督标准不清，就无法识别互动伙伴的哪些行为属于主动违约行为、哪些行为属于逃避责任行为等，参与互动企业也就无法采取措施来监督和治理机会主义行为。

（3）要有明晰的监督契约来使监督机制正规化。契约后监督机制要能产生效应必须要有明确清晰的监督契约条款作为保障，否则，仅仅是发现了机会主义行为却不采取激励与约束手段也是无法起到契约后监督的效果的。

运用契约后监督机制来治理机会主义行为还需要注意的是，契约后监督机制作为创新互动企业进行互动的机会主义行为治理机制，是一种持续性的活动，将产生持续性成本，这些成本主要包括发现机会主义行为的可用信息以及处理这些信息的成本。因此，契约后监督机制作为机会主义行为治理机制的有效性取决于如何低成本地获取这些可用信息。除此之外，过于严格的监督机制可能会破坏良好的创新互动氛围，因为它可能对创新互动关系产生负面影响，甚至激发互动伙伴的机会主义行为。从这个意义上说，治理跨国公司与本土企业创新互动中的机会主义行为还需要通过增加跨国公司与本土企业之间的相互信任来降低信息的不对称。

4. 增强跨国公司与本土企业的信任关系

跨国公司与本土企业创新互动在一定程度上可以看成以信任为基础的关系契约，信任对于创新互动的顺利开展至关重要。信任是指合作的一方对另一方的可靠性和诚实度有足够的信心。信任可以降低互动成本，是跨国公司与本土企业创新互动成功的催化剂，建立在高度互信基础上的创新互动的效果往往优于缺乏信任的互动效果。跨国公司与本土企业就正式和非正式的重要信息进行及时沟通可以增进相互间的信任。本书认为可以从沟通渠道、沟通时间和信息透明度三方面来加强互动双方的沟通。

（1）跨国公司与本土企业应当建立多渠道沟通，实现双方信息的顺畅传递和共享，以此增强相互间的信任感。

（2）要定期沟通，跨国公司与本土企业在创新互动过程中定期举行共同会议，加强彼此间的沟通和交流。信任关系不会自发地产生，它是通过互动双方的共同投入和培养发展起来的，沟通和交流是培养的重要手段。如果能通过定期的沟通交流让互动双方了解自己的诚实守信，没有机会主义行为倾向，沟通交流就能增加相互信任。这要求跨国公司与本土企业进行积极的沟通，求同存异，树立互利共赢的"正和"博弈观。

（3）跨国公司与本土企业在创新互动中也要增加信息透明度。创新互动过程中由于信息的不对称，互动双方的相互猜疑等不信任现象时常发生。为此，互动双方必须在彼此交往中，通过各种正式和非正式的沟通渠道提高行为的透明度，使双方了解对方各项策略行为的时间进度，由此降低对互动伙伴行为的不理解程度，增强相互信任。

总之，高度的相互信任，有助于增强跨国公司与本土企业创新互动的信心和长期合作的意识导向，抑制机会主义行为的发生。

6.3 促进跨国公司与本土企业创新互动的对策建议

在知识经济时代，信息技术更新速度越来越快，加强企业间的互动是一种双赢的策略。随着我国企业自主创新能力的提高，跨国公司与我国企业互动的频率和质量也不断提高，互动给双方也带来了极大的好处，而且跨国公司与东道国企业的互动也将成为未来全球化发展的趋势。为了更好地吸引跨国公司参与本地化生产，本节在前几章分析的基础上从宏观角度和微观角度提出了促进跨国公司与本土企业创新互动的对策建议。

6.3.1 政府角度的对策建议

1. 完善产业链发展，拓宽市场范围的互补

产业链是一个包含价值链、供需链、企业链和空间链四个维度的概念，其本质是用于描述有某种内在联系的企业群结构。从本书的研究可以看出，市场范围互补程度较大时，更容易实现创新互动过程，因为此时共有收益的实现不会挤占获得的私有收益，即具有上下游企业关系的创新互动更容易实现。尽管跨国公司在东道国的业务和产品覆盖面很宽，但是出于成本和能力的限制，一家跨国子公司很难具备产业链上所有环节的生产、销售条件。一般产业集群内会形成相对完善的产业链，这也是跨国公司喜欢落户产业集群区域的原因。新经济地理理论从地理空间的视角强调企业在空间维度中的相互作用，包括与制度特征相关的企业区位选择、网络机制、组织和信息与知识共享程度。产业集群是跨国公司重要的战略性区位优势来源之一，跨国公司与东道国区域集群的互动，能够从本地研发机构和本土企业中获得大量互补性物质资源，从而带动跨国公司经济效益的提高。

越来越多的研究表明，区域经济带来的地方化优势资源成为吸引跨国公司的重要因素。所以政府要加快产业集聚区建设，为知识流动提供基底。首先，以能否与本土企业建立有效产业链为招商依据，这些可以通过建立专项合作资金，针对跨国公司与本土企业的互动情况给予不同层次的资助。其次，集群水平的高低与吸引到的外商直接投资（foreign direct investment，FDI）的质量呈正相关关系，我国的企业发展规模一般偏小，单个企业不足以吸引跨国公司与之互动，因此可以建立高端的中小企业集群，形成整体的竞争优势。这不仅有利于吸引跨国公司进入集群扎根落户，也有利于改变本土企业凭低成本获利的局面，更好地吸收互动中获得的知识。最后，根据地方优势资源，形成有特色的产业集群。产业集群建设应该结合地方特色和优势，强化该地区产业的集聚效应，政府通过政策扶持，促进集群内本土企业的孵化与发展，在该区产业特色的基础上，完善基础设施和配套产业的发展，培育有利于外资企业进驻的外部环境。同时，政府相关部门要加强各个经济技术开发区、工业园区的统一规划，加强各园区之间的联系，为跨国公司与本土企业的信息、技术的交流提供渠道和场所，构建跨国公司与本土企业互动的空间载体。

2. 加强技术公共服务平台建设，为知识流动提供有效媒介

地域之所以成为限制跨国公司与本土企业互动的因素，一方面是因为知识的影响可能随距离的增加而降低，另一方面是因为距离的增加减少了两者的信息交流，导致彼此并不知道各自的需求，使很多互动仅仅局限在某一个区域或集群内。政府和中介机构作为跨国公司与本土企业互动的外部影响因素，要发挥其积极的作用，加快信息服务平台的建设，构建跨国公司与本土企业创新互动的平台。

首先，构建跨国公司与本土企业创新互动的"桥梁"。中国部分企业经过40年改革开放的市场化进程，已经具备了一定的自主创新能力，加之跨国公司开拓中国市场的需要，两者之间的互动逐步兴起。目前，跨国公司与本土企业的合作主要依靠政府牵头，虽然政府在促进合作中发挥了重要作用，但不能忽视信息中介机构这个特殊的"桥梁"。跨国公司与本土企业互动关系的建立、互动的发展以及所需要的信息、咨询都可以通过信息中介机构获得。积极创造条件促进信息中介机构的建立和发展，弥补企业信息不足的缺陷，实现规范化和制度化的经营，为跨国公司与本土企业之间的合作提供满意的服务；鼓励中外合资、合作型信息中介机构的建立，推动信息中介机构的国际化经营，为本土企业与跨国公司的合作提供市场、资信等服务。

其次，政府要促进跨国公司与本土企业建立关联。制定政策时要有利于跨国公司以合资合作、并购、外包、战略联盟等方式与本土企业建立关联，这种关联

既包括跨产业的横向联系，也包括产业链上的纵向联系。这样跨国公司在全球配置资源时，会把价值链的重要环节转移到我国，通过关联带动本土企业进入跨国公司全球产业链和产业系统，促进本土企业进军全球市场，吸纳和整合全球资源。在大型的国际合作项目中，政府可提供必要的资助，鼓励企业参与项目研究与国际交流；对于与本土企业组建技术联盟、共同开发新技术的跨国公司给予重点扶持，鼓励跨国公司对企业员工的技术和管理方面的培训等。在实践中可以通过主办中外企业的交流会、研讨会、展会等促进跨国公司和本土企业之间的了解，建立反馈机制并及时解决互动过程中遇到的问题。

3. 完善知识产权法律法规，营造企业公平竞争的市场环境

在市场经济体制中，市场的激励和约束作用往往比行政的激励和约束作用更有效，过去我国习惯用政策的手段吸引跨国公司投资，但是随着社会主义市场经济的不断完善，市场的激励和约束对跨国公司的影响越来越大。要创造内外资公平竞争的市场环境，让跨国公司和本土企业在市场上展开积极的竞争与合作，在竞争与合作中相互学习、相互促进，实现优势互补。建立企业技术开发基金，不能为吸引跨国公司就减少对国内研发机构的支持，要制定针对国内研发机构的各种优惠政策，通过促进国内研发机构和企业技术水平的提升来吸引跨国公司主动参与本地化的生产。

知识产权得不到保护是跨国公司不愿意选择与本土企业互动的主要影响因素，知识产权保护程度与跨国公司研发或技术转移的程度成正比，若东道国知识产权法律完善，跨国公司会提高其在东道国的研发水平，从事基础性研究等高层次的研发活动，与当地企业的互动也会增多。因此，各知识产权管理部门要统筹协调，通过不断完善知识产权法律法规和知识产权人才培养体系，创造良好的吸引跨国公司开展创新的法治环境。

4. 加大人才培养力度，增强创新互动智力支持

人才是知识的载体，是创新的源泉。东道国拥有丰富的优秀人才储备有利于吸引跨国公司前来投资，跨国公司也会雇佣更多当地的研发人员，这会加强人员之间的流动，同时就带动了跨国公司与本土企业之间的交流。另外，拥有优秀的人才也是吸收跨国公司先进技术进行再创新的基础。只有形成自主创新能力，跨国公司才能与本土企业进行更多的创新合作，真正实现创新的深层互动。就目前来看，随着我国高等教育的发展，受到高等教育的人越来越多，但是优秀的人才与国外相比还存在差距。因此，继续实施人才战略，重视人才培养是必需也是刻不容缓的。

首先，不断加强基础教育建设。2010年我国研发人员全时当量超过255万人，

比 2009 年增加 11.46%，基础研究人员 17.37 万人，比 2009 年增加 5.53%。尽管我国教育投入增加幅度很大，研发人员数量增长很快，但是比起发达国家，我国的公共教育投入不足，特别是基础教育领域。自主创新能力的提高主要靠人才，人才的培养需要国家对教育的支持，第一增加公共教育投入，并根据我国国情向基础教育和基础研究领域倾斜，第二政府要制定教育经费利用政策机制并确保严格实施。

其次，培养企业需要的技术性人才。技术性人才专业性较强，适应工作能力较快，越来越得到用人单位的重视。因此，要进一步明确职业教育体系的建设，不断推进中等和高等职业教育协调发展，实施以政府为主导、行业指导、企业参与的办学机制，培养企业需要的专业能力强、创新水平高的技术性人才。

最后，加快"外智"的引进。跨国公司雇员本土化是其基本特征，朗讯贝尔实验室和微软基础研究院中担任研究任务和重要领导作用的一般都是华裔科学家或海外归来的研究人员。我国政府在 2008 年实施了"海外高层次人才引进计划"，主要围绕国家战略发展目标，以高新技术产业开发区为基地等，引进并有重点地支持一批能够突破关键技术、发展高新产业、带动新兴学科的战略科学家和领军人才回国创新创业。海外人才是我国高层次人才队伍的重要来源，各地区要在国家实施计划的基础上制定适合本地的人才引进策略和优惠政策，尽快完善高层次人才永久居留政策，吸引更多的海外优秀人才回国工作。

6.3.2 企业角度的对策建议

企业作为创新互动的主体，直接与跨国公司发生相互作用。在国家提供了有利的创新互动条件的基础上，企业更应该结合自身条件，积极主动参与到创新互动中，更好地利用跨国公司的优势资源，实现共同的收益。

1. 加强企业自主创新投入，增强知识的互补程度

通过本书研究发现，知识互补程度越大越容易实现创新互动过程，并且本土企业与跨国公司创新水平落差适宜是发生互动的必要条件，双方知识差距过大，即使存在互动关系也不能很好地吸收跨国公司的先进技术进行再创新。因此，为了更好地吸引跨国公司与之互动并使互动过程顺利完成，本土企业要加大创新投入，提高自有知识的数量和质量。突出与跨国公司知识的差异性，提升创新互动过程中的地位。

首先，企业要不断强化自身的创新意识，规范企业经营管理并充分利用自主创新的政策环境，建立企业自己的研发中心，抢占科技制高点。其次，企业要加大研发资金的投入。2010 年全国企业研发经费支出 5185.47 亿元，但是基础研究

和应用研究经费支出分别仅为 4.33 亿元和 126.21 亿元，足以看出我国企业基础研究经费的不足。企业的自主研发需要资金的大力支持，企业应该制订研发资金投入政策，为基础研究提供资金的保障。最后，企业要通过吸引优秀的人才，加快技术引进提高自主创新能力。2010 年我国企业研发人员全时当量有 187.39 万人，从事基础研究工作的人员仅为 0.16 万人，从事应用研究的人员仅为 2.72 万人。基础研究人员的不足是制约企业提升创新能力的关键，企业要加快吸引国内外优秀人才，建立完善的人才激励机制，通过培训、学习等方式提高已有人才的能力，形成企业持续的创新源泉。

2. 构建诚信信用体系，营造良好的互动氛围

在与跨国公司合作过程中要按照约定的方式行动，与跨国公司建立良好的信任关系，这是保证以后继续合作的基础。索尼（中国）有限公司原董事兼总裁川崎成一说："选择合资伙伴的时候，有些人的要求是对方拥有经营经验。但如果是我做选择，那么我认为信任是最重要的。"跨国公司与本土企业长期互动最核心的问题就是信任，只有相互信任，才能更好地协调日常的生产经营，更好地理解彼此的决策过程。因此，本土企业要不断提高自己在行业中的信誉，为开展互动奠定基础。

另外，跨国公司与本土企业创新互动开展得是否顺利受到市场范围重叠程度和知识互补程度的限制，但是互动意愿直接影响了两者能否开展互动。互动意愿表达的是双方对开展互动的愿望，互动意愿跟互动效果呈正相关关系，只有双方都有互动的意愿，创新互动才能顺利开展，本土企业作为东道国企业要积极表达合作的意愿，加强与跨国公司进行信息交流与沟通。通过政府或中介机构搭建的平台，积极寻求与跨国公司的合作，以开放的心态迎接跨国公司的挑战，营造良好的互动氛围。

3. 整合两国文化的差异，提升互动合作效率

跨国公司与本土企业的合作创新互动发生在不同的经济文化国度，公司的文化、管理制度各方面都存在差异，经营管理的风格不同可能导致互动中运营的分歧，这不仅会增加管理协调的成本，还可能直接导致互动的终止。很多跨国公司经理认为合资企业失败的原因正是合作者之间的"目标分歧"。例如，跨国公司的目标是提高其产品在中国市场的占有率，而中方合作者却更关注国外市场的销售量。杜邦中国集团有限公司的查布朗分析了在中国几个失败的合资案例后说道："在很多情况下，是由于双方所关注的利益及运作方式各不相同。"贝塔斯曼集团亚洲区原总裁艾克强调说："90%的中方合作者办事非常认真，合作双方产生的问题仅仅是彼此间目标、思路和心态不同。很多跨国公司的运营以利润为目标，而

中方合作者更倾向于其他目标，如通过采用先进的技术引起政府的重视。"所以在互动的初期，互动双方要在经营理念、组织体制、战略目标和规章制度方面达成一致，在尊重彼此传统文化的同时，做好跨文化的沟通。在互动过程中出现纠纷是不可避免的，信息的及时沟通，不仅对互动关系的长期运行有利，而且在沟通的过程中促进了相互知识的增长，形成学习优势。

另外，创新互动中对知识的学习最终要用于市场，所以互动双方在制订发展战略的时候要因地制宜，产品和服务要因地制宜地进行调整。跨国巨头通用和中国民营电器龙头企业正泰电器成立的合资公司，目前的经营效果未达到预期水平，其原因就在于两者的合作并没有制订因地制宜的发展战略，互动过程中水土不服。所以，互动过程中除了对知识的学习和利用，同时要因地制宜，将自己的产品、服务以及管理做适当的调整。

参考文献

安亚娜. 2013. 我国大型企业技术创新模式选择研究[D]. 哈尔滨：哈尔滨工程大学.
白雪洁. 2008. 新型竞争环境下后发企业的技术创新策略——基于天津某汽车胶管企业的案例分析[J]. 科技进步与对策, 25（3）：91-95.
波特 M. 2003. 竞争论[M]. 高登第, 李明轩, 译. 北京：中信出版社.
博伊索特 M H. 2005. 知识资产：在信息经济中赢得竞争优势[M]. 张群群, 陈北, 译. 上海：上海人民出版社.
蔡翔, 谌婷. 2013. 中小企业自主创新与模仿创新博弈分析[J]. 科技进步与对策, 30（4）：91-95.
曹素璋, 高阳, 张红宇. 2009. 企业技术能力与技术创新模式选择：一个梯度演化模型[J]. 科技进步与对策, 26（1）：79-83.
陈菲琼. 2002. 企业联盟绩效私人利益和共同利益评价系统[J]. 科研管理, 23（4）：35-36.
陈筱芳. 2001. 跨国公司与中国民族工业互动发展实证分析[J]. 世界经济与政治论坛, 5：71-75.
陈艳莹, 高琳琳. 2005. 企业创新服务的需求识别——对"企业规模-创新策略"假说的检验和应用[J]. 中南大学学报（社会科学版）, 11（6）：90-95.
陈燕, 黄迎燕, 方建国. 2006. 专利信息采集与分析[M]. 北京：清华大学出版社.
楚天娇, 杜德斌. 2006a. 促进跨国公司离岸研发机构技术扩散的原理与途径研究[J]. 科技研究管理, 26（9）：66-68.
楚天骄, 杜德斌. 2006b. 跨国公司研发机构与本土互动机制研究[J]. 中国软科学, 2：127-132.
戴园园, 梅强. 2013. 我国高新技术企业技术创新模式选择研究——基于演化博弈的视角[J]. 科研管理, V34（1）：2-10.
董芹芹. 2009. 企业研发联盟技术学习的理论与实证研究[D]. 武汉：武汉理工大学.
杜静, 魏江. 2004. 知识存量的增长机理分析[J]. 科学学与科学技术管理, 25（1）：25-28.
樊一阳, 张家文. 2008. 基于自组织理论的创新互动研究[J]. 科技管理研究, 28（3）：18-19.
傅家骥, 施培公. 1996. 技术积累与企业技术创新[J]. 数量经济技术经济研究, 11：22-23.
高嵩. 2009. 非对称战略联盟网络中的机会主义研究[D]. 北京：北京邮电大学.
郭朝阳. 2006. 国内外企业技术创新策略的博弈分析[J]. 数量经济技术经济研究, 23（3）：95-102.
郭海, 李垣, 廖貅武, 等. 2007. 企业家导向、战略柔性与自主创新关系研究[J]. 科学学与科学技术管理, 28（1）：73-77.
韩明华. 2011. 基于情境分析的集群企业知识转移机理与模型研究[D]. 杭州：浙江工商大学.
贾宪洲, 叶宝忠. 2010. 基于知识互补性的创新：一个收益模型[J]. 经济与管理, 24（10）：33-38.
李春艳, 肖国东, 李春娟. 2008. 企业创新战略影响因素的结构方程模型实证分析[J]. 徐州工程学院学报, 23（3）：26-32.
李纲, 刘益, 廖貅武. 2007. 基于吸收能力和知识溢出的合作研发模型[J]. 系统工程, 25（12）：70-74.

李钧. 2011. 跨国公司与东道国企业技术创新的三维互动举证[J]. 改革, 7: 112-117.
李琳. 2006. 高新技术产业集群中的知识流动分析框架[J]. 科技管理研究, 26 (6): 94-97.
李顺才, 邹珊刚. 2003. 知识流动机理的三维分析模式[J]. 研究与发展管理, 15 (2): 39-43.
李晓锋, 夏来保. 2007. 中小型科技企业技术创新制约因素及创新策略研究[J]. 科学学与科学技术管理, (S1): 98-100.
李兴江, 赵光德. 2009. 区域创新资源整合的机制设计研究[J]. 科技管理研究, 29 (3): 66-69.
李勇. 2005. 企业集群的互动创新机制研究[D]. 上海：上海交通大学.
李垣, 苏中锋. 战略柔性对企业获取创新收益的影响研究[J]. 科学学研究, 2008, 26 (2): 414-418.
李正风. 1999. 中国科技系统中的"系统失效"及其解决初探[J]. 清华大学学报（哲学社会科学版）, 4: 19-24.
连燕华. 1994. 试论企业是技术创新的主体[J]. 科学管理研究, 5: 1-6.
林春培, 张振刚, 田帅. 2009. 基于企业技术能力和技术创新模式相互匹配的引进消化吸收再创新[J]. 中国科技论坛, 9: 47-51.
林刚. 2011. 都市区经济发展理论研究综述[J]. 贵州社会科学, 3: 66-68.
林吉双, 杨继军. 2006. FDI技术溢出的路径及影响因素分析[J]. 海南金融, 4: 43-45.
刘洪涛, 汪应洛. 1999. 国家创新系统（NIS）理论与中国的实践[M]. 西安：西安交通大学出版社.
刘建新. 2011. 后发国家产业技术追赶模式新探：单路径、双路径与多路径[J]. 科学学与科学技术管理, 32 (11): 93-99.
刘晓燕, 阮平南, 李非凡. 2014. 技术创新网络中备选合作伙伴与核心企业合作的博弈分析[J]. 数学的实践与认识, 44 (8): 48-53.
刘玉青, 2013. 跨国公司与本土企业创新互动过程实现条件研究[D]. 杭州：杭州电子科技大学.
刘展, 陈宏民. 2009. 我国企业优化技术创新模式策略研究[J]. 管理工程学报, 23 (3): 35-39.
柳卸林, 赵捷. 1999. 对中国创新系统互动的评估[J]. 科研管理, 20 (6): 2-8.
陆玉梅, 田野. 2008. 基于演化博弈的企业自主创新与模仿创新模式选择研究[J]. 科技管理研究, 184 (6): 25-27.
罗安国. 2006. 创新博弈中政府与企业的互动演化均衡[J]. 科技和产业, 6 (7): 48-51.
罗炜, 唐元虎. 2001. 企业合作创新的原因与动机[J]. 科学学研究, 19 (3): 91-95.
马洁. 2005. 跨国公司与中国制造业的互动性研究——基于价值链的思考[D]. 西安：陕西师范大学.
毛荐其, 杨海山. 2006. 技术创新进化过程与市场选择机制[J]. 科研管理, 27 (3): 18-24.
裴昌武. 2008. 中小企业技术创新策略选择研究[D]. 武汉：武汉理工大学.
彭灿, 杨玲. 2009. 技术能力、创新战略与创新绩效的关系研究[J]. 科研管理, 30 (2): 26-32.
饶扬德, 王学军. 2006. 知识互动共享视角——区域创新环境机理研究[J]. 中国工程科学, 8 (7): 76-81, 98.
饶扬德. 2007. 知识互动共享对区域创新的作用机制研究[J]. 科技进步与对策, 24 (6): 54-57.
任丽丽. 2011. 中外合资企业知识转移：影响因素及效能结果研究[D]. 成都：西南财经大学.
生延超. 2007. 企业技术能力与技术创新方式选择[J]. 管理科学, 20 (4): 23-29.
施曼. 2013. 跨国公司内部知识流动机制研究——基于知识势差的角度[J]. 经济论坛, 7: 115-118.

宋凌燕. 2004. 论跨国公司一体化与本土化战略的互动[J]. 商业经济与管理, 6 (6): 47-49.
宋天华, 于光, 石春生. 2010. 中外两家通信设备企业技术创新布局比较研究——基于思科与华为的 DII 专利分析[J]. 情报杂志, 29 (7): 65-69.
宋耘, 曾进泽. 2007. 后发企业从模仿创新到自主创新的演化路径研究[J]. 现代管理科学, 5: 36-39.
孙道军, 叶红, 王栋. 2011. 不同竞合关系与企业创新选择互动演化研究[J]. 商业研究, 10: 45-49.
唐春晖. 2006. 中国汽车企业技术能力与技术创新模式——以沈阳华晨金杯为例[J]. 沈阳师范大学学报（社会科学版）, 30 (6): 58-61.
唐春晖, 唐要家. 2006. 企业技术能力与技术创新模式分析[J]. 辽宁大学学报（哲学社会科学版）, 34 (1): 127-131.
唐礼智, 吴威. 2011. 跨国公司与本土企业技术互动的一个动态博弈模型分析——以福建为例[J]. 福建论坛, 8: 145-149.
万君康, 李华威. 2008. 自主创新及自主创新能力的辨识[J]. 科学学研究, 26 (1): 205-209.
汪丁丁. 1997. 知识沿时间和空间的互补性以及相关的经济学[J]. 经济研究, (6): 70-77.
王浩. 2007. 跨国公司地区总部与东道国城市互动研究[D]. 上海：华东师范大学.
王缉慈. 2001. 创新的空间：企业集群与区域发展[M]. 北京：北京大学出版社.
王缉慈. 2002. 创新及其相关概念的跟踪观察[J]. 中国软科学, 12: 30-34.
王建华. 2007. 技术创新主体多元化及其互动合作模式[J]. 广西社会科学, 6: 37-41.
王俊文, 洪军. 2006. 基于价值链理论的技术创新策略构建探讨[J]. 现代管理科学, 12: 53-55.
王日芬, 黄加虎, 王海丹. 2007. 竞争情报中的知识流及转换机制研究[J]. 26 (3): 415-421.
王旭辉. 2008. 区域创新体系、集群创新网络与企业创新行为关系研究——基于知识三重结构的案例研究[D]. 南京：东南大学.
王月平. 2010. 战略联盟的知识流动循环模型研究[J]. 科技管理研究, 30 (2): 157-159.
王志乐, 许丽丽. 2011. 跨国公司中国报告[J]. 中国投资, 5: 119.
魏江, 寒午. 1998. 企业技术创新能力的界定及其与核心能力的关联[J]. 科研管理, 6: 12-17.
魏江, 许庆瑞. 1996. 企业技术能力与技术创新能力之关系研究[J]. 科研管理, 1: 22-26.
魏江. 2003. 产业集群创新系统与技术学习[M]. 北京：科学出版社.
吴晓波, 李正卫. 2002. 技术演进行为中的混沌分析[J]. 科学学研究, 20 (5): 458-462.
吴晓波, 马如飞, 毛茜敏. 2009. 基于二次创新动态过程的组织学习模式演进——杭氧 1996~2008 纵向案例研究[J]. 管理世界, 2: 152-164.
吴晓园, 丛林. 2012. 企业技术创新策略与政府 R&D 补贴——基于不完美信息的动态博弈模型[J]. 科学学与科学技术管理, 33 (2): 56-62.
向清华, 赵建吉. 2010. 区域创新环境研究综述[J]. 科技管理研究, 30 (13): 15-18.
谢建国. 2007. 市场竞争、东道国引资政策与跨国公司的技术转移[J]. 经济研究, 6: 87-97.
谢伟. 2006. 中国企业技术创新的分布和竞争策略——中国激光视盘播放机产业的案例研究[J]. 管理世界, 2: 50-62.
熊彼特 J. 1997. 经济发展理论[M]. 何畏, 易家详, 译. 北京：商务印书馆.
徐亮, 张宗益, 龙勇. 2008. 合作竞争与技术创新：合作是中介变量吗?[J]. 科学学研究, 26 (5): 1105-1113.
许芳, 徐国虎. 2003. 知识管理中的知识流动分析[J]. 情报科学, 21 (5): 101-104.

参 考 文 献

许庆瑞, 吴志岩, 陈力田. 2013. 转型经济中企业自主创新能力演化路径及驱动因素分析——海尔集团1984~2013年的纵向案例研究[J]. 管理世界, 4: 121-134.
闫志伟. 2013. 企业自主创新理论的演化机理研究[J]. 山西科技, 28 (6): 41-43.
杨文瀚, 刘思峰. 2006. 供应链企业间互动与技术创新的关系研究[J]. 科学学研究, 24 (5): 798-803.
杨文士, 等. 2009. 管理学[M]. 3版. 北京: 中国人民大学出版社.
殷 R K. 2004. 案例研究: 设计与方法[M]. 周海涛, 译. 重庆: 重庆大学出版社.
于乃根. 2002. 新经济时代企业技术创新策略探讨[J]. 技术经济与管理研究, 2: 74-75.
远德玉, 董中保, 常向东. 1994. 企业技术创新能力的综合评价和动态分析方法[J]. 科学管理研究, 2: 50-52.
张春辉, 陈继祥. 2010. 创新模式选择演化博弈分析——吸收能力的视角[J]. 上海交通大学学报, 44 (12): 1657-1660.
张米尔, 田丹. 2008. 从引进到集成: 技术能力成长路径转变研究——"天花板"效应与中国企业的应对策略[J]. 公共管理学报, 5 (1): 84-90.
张米尔, 田丹, 杨阿猛. 2006. 技术合作中的装备制造企业技术能力成长[J]. 研究与发展管理, 18 (1): 16-21, 28.
张晓燕. 2009. 跨国公司子公司之间知识转移战略与绩效表现框架模型[J]. 研究与发展管理, 21 (3): 8-14.
张志勇, 刘益. 2007. 基于网络视角的企业间知识转移研究[J]. 情报杂志. 26 (11): 70-72.
章文光, 汪哲伟. 2011. 跨国公司在华研发投资与区域自主创新互动发展[J]. 北京师范大学学报(社会科学版), 3: 134-140.
赵更申, 雷巧玲, 陈金贤, 等. 2006. 战略导向、组织柔性对创新选择影响的实证研究[J]. 预测, 25 (5): 16-22.
赵黎明, 高杨, 韩宇. 2002. 专利引文分析在知识转移机制研究中的应用[J]. 科学学研究, 20 (3): 297-300.
赵历男, 赵璞, 冯宇. 2012. 基于不同战略导向的组织柔性对技术创新选择的影响研究[J]. 中国科技论坛, 9: 5-11.
赵晓庆, 许庆瑞. 2001. 我国企业的技术战略[J]. 研究与发展管理, 13 (2): 6-11.
赵晓庆, 许庆瑞. 2002. 企业技术能力演化的轨迹[J]. 科研管理, 23 (1): 70-76.
赵晓庆, 许庆瑞. 2006. 技术能力积累途径的螺旋运动过程研究[J]. 科研管理, 27 (1): 42-48.
赵醒村, 周增桓, 王省良, 等. 2001. 阻碍科技创新互动的因素分析及对策[J]. 科技管理研究, 6: 18-20.
郑金娥. 2005. 合作研发的动机分析[J]. 科技创业月刊, 4 (1): 49-50.
周建, 周蕊. 2006. 论战略联盟中的知识转移[J]. 科学学与科学技术管理, 27 (5): 86-91.
周玉泉, 李垣. 2006. 合作学习、组织柔性与创新方式选择的关系研究[J]. 科研管理, 27 (2): 11-16.
朱利民, 戚昌文. 2004. 基于经济计量学方法的企业技术创新能力评价体系[J]. 经济师, 9: 154-156.
宗永建, 仲伟俊, 梅姝娥, 等. 2009. 我国民营企业国际化与开放式创新互动探讨[J]. 东南大学学报(哲学社会科学版), 11 (5): 59-62.

Abernathy W J, Utterback J M. 1978. Patterns of industrial innovation[J]. Technology Review, 64 (1): 254-228.

Abreu D, Pearce D. 2007. Bargaining, reputation, and equilibrium selection in repeated games with contracts [J]. Econometrica, 75 (3): 653-710.

Albino V, Garavelli A C, Schiuma G. 1998. Knowledge transfer and inter-firm relationships in industrial districts: The role of the leader firm [J]. Technovation, 19 (1): 53-63.

Aldrich D M, Cornwell G, Barkley D C. 2000. Changing partnerships? Government documents departments at the turn of the millennium[J]. Futures, 17 (3): 273-290.

Arnold L G. 1999. Growth, welfare, and trade in an integrated model of human-capital accumulation and research[J]. Journal of Macroeconomics, 20 (1): 81-105.

Arrow K J. 1962. The economic implications of learning by doing[J]. The Review of Economic Studies, 29 (3): 155-173.

Audretsch D B, Feldman M P. 1996. Innovative clusters and the industry life cycle[J]. Review of Industrial Organization, 11 (2): 253-273.

Barton D L. 1992. Core capability &core rigidities: A parad-oxinmanaging new product development[J]. Strategic Management Journal, 13: 111-125.

Bengtsson M, Sölvell Ö. 2004. Climate of competition, clusters and innovative performance[J]. Scandinavian Journal of Management, 20 (3): 225-244.

Bernhard T, Gregor D. 1997. Outside initiatives in there construction of the car: the case of lightweight vehicle milieus in switzer land[J]. Science Technology&Human Value, 22 (2): 207-234.

Bettis R A, Weeks D. 1987. Financial returns and strategic interaction: The case of instant photography[J]. Strategic Management Journal, 8 (6): 549-563.

Bhaskaran S. 2010. Incremental innovation and business performance: Small and medium-size food enterprises in a concentrated industry environment[J]. Journal of Small Business Management, 44 (1): 64-80.

Blomström M, Sjöholm F. 1999. Technology transfer and spillovers: Does local participation with multinationals matter?[J]. European Economic Review, 43 (4-6): 915-923.

Boden A, Nett B, Wulf V. 2009. Trust and Social Capital: Revisiting an Offshoring Failure Story of a Small German Software Company[M]. London: Springer-Verlag.

Braczyk H, Cooke P, Heidenreich R. 1998. Regional Innovation System[M]. London: UCL Press.

Brown J S, Duguid P. 1991. Organizational learning and communities of practice: Towards a unified view of working, learning and innovation[J]. Organization Science, 2 (1): 40-45.

Burns T E, Stalker G M. 1961. The Management Innovation[J]. Administrative Science Quarterly, 8 (2): 191-233.

Burt R S. 1988. Some properties of structural equivalence measures derived from sociometric choice data [J]. Social Networks, 10 (1): 1-28.

Bush V. 1980. Science: The Endless Frontier[M]. New York: Arno Press.

Caloghirou Y, Kastelli I, Tsakanikas A. 2004. Internal capabilities and external knowledge sources: Complements or substitutes for innovative performance[J]. Technovation, 24 (1): 29-39.

Cambier C, Clerbaux T, Amory H, et al. 2006. Identifying the variables associated with types of innovation, radical or incremental: Strategic flexibility, organisation and context[J]. International Journal of Technology Management, 35 (1-4): 80-106.

Cassiman B. 2000. External technology sources: Embodied or disembodied technology acquisition[J]. Research and Technology Management, (9): 89-96.

Chen M J, MacMillan I C. 1992. Nonresponse and delayed response to competitive moves: The roles of competitor dependence and action irreversibility[J]. Academy of Management Journal, 35 (3): 539-570.

Chen M J. 1996. Competitor analysis and interfirm rivalry: Toward a theoretical integration[J]. Academy of Management Review, 21 (1): 100-134.

Chesbrough H. 2003. Open Innovation, the New Imperative for Creating and Profiting from Technology[M]. Boston: Harvard Business School Press.

Cohen W M, Klepper S. 1996. Firm size and the nature of innovation within industries: The case of process and product R& D[J]. Review of Economics and Statistics, 78 (2): 232-243.

Cohen W M, Levinthal D A. 1990. Absorptive capacity: A new perspective on learning and innovation[J]. Administrative Science Quarterly, 35 (1): 128-152.

Culter R S. 1989. A comparison of Japanese and U. S. high-technology transfer practices[J]. IEEE Transactions on Engineering Management, 36 (1): 17-24.

Currie D, Levine P, Pearlman J, et al. 1999. Phases of imitation and innovation in a North-South endogenous growth model[J]. Oxford Economic Papers, 51 (1): 60-88.

Dain Le MA, Calvi R, Cheriti S. 2008. Early supplier involvement in product development: How to assess the project team's ability to co-design with suppliers?[J]. Interact Des Manufacture, (6): 110-112.

Damanpour F, Gopalakrishnan S. 1998. Theories of organizational structure and innovation adoption: The role of environmental change[J]. Journal of Engineering and Technology Management, 15 (1): 1-24.

Davenport T H, Prusak L. 1998. Working knowledge: How organization manage what they know[M]. Boston: Harvard Business School Press, 53-65.

Davies H. 1977. Technology transfer through commercial transactions[J]. Journal of Industrial Economics, 26 (2): 161-175.

De Bresson C, Amesse F. 1991. Networks of innovators: A review and introduction to the issue[J]. Research Policy, 20 (5): 363-379.

Dodgson M, Gann D M, Salter A J. 2002. The intensification of innovation[J]. International Journal of Innovation Management, 6 (1): 53-83.

Dunning J H. 1994. Globalization, Technological Change and the Spatial Organization of Economic Activity[M]. Reading: University of Reading.

Dwyer F R, Schurr P H, Qh S. 1987. Developing buyer-seller relationships[J]. Journal of Marketing, 51 (2): 11-27.

Eisenhardt K M. 1989. Building theories from case study research[J]. Academy of Management Review, 14 (4): 532-550.

Enos J L. 1962. Petroleum, Progress and Profits: A History of Process Innovation[M]. Cambridge: MIT Press: 28-30.

Eric W T, Jin C, Liang T. 2008. A qualitative study of inter-organizational knowledge management in complex products and systems development[J]. R&D Management, 38 (4): 421-440.

Fallah M H, Lechler T G. 2008. Global innovation performance: Strategic challenges for multinational corporations[J]. Journal of Engineering and Technology Management, 25 (1): 58-74.

Ferrier W J. 2001. Navigating the competitive landscape: The drivers and consequences of competitive aggressiveness[J]. Academy of Management Journal, 44 (4): 858-877.

Forsman H. 2011. Innovation capacity and innovation development in small enterprises. A comparison between the manufacturing and service sectors[J]. Research Policy, 40 (5): 739-750.

Foster D, Young P. 1990. Stochastic evolutionary game dynamics[J]. Theoretical Population Biology, 38 (2): 219-232.

Freeman C. 1988. Technology of Policy and Economic Performance: Lessons from Japan[M]. London: Frances Printer.

Freeman C, Soete L. 1997. The Economics of Industrial Innovation[M]. Cambridge: MIT Press.

Gao X, Zhang P, Liu X. 2006. Competing with MNEs: Developing manufacturing capabilities or innovation capabilities[J]. The Journal of Technology Transfer, 32 (1-2): 87-107.

Gilbert M, Cordey-Hayes M. 1996. Understanding the process of knowledge transfer to achieve successful technological innovation[J]. Technovation, 16 (6): 301-312.

Gilboa I, Matsui A. 1991. Social stability and equilibrium[J]. Econometrica: Journal of the Econometric Society, 59 (3): 859-867.

Gold A H, Malhotra A, Segars A H. 2001. Knowledge management: An organizational capabilities perspective[J]. Journal of Management Information Systems, 18 (1): 185-214.

Grant R A. 1991. Up and running: Integrating information technology and the organization[J]. Journal of Engineering and Technology Management, 7 (S3-4): 283-287.

Greve H R. 2003. A behavioral theory of R&D expenditures and innovations: Evidence from shipbuilding[J]. Academy of Management Journal, 46 (6): 685-702.

Hakansson H. 1987. Industrial Technological Development: A Network Approach[M]. Kent: Croom Helm.

Hausler J H. 1994. Contingencies of innovative networks: A case study of successful inter-firm R&D cooperation[J]. Research Policy, 23 (1): 47-66.

Hedlund G. 1994. A model of knowledge management and the N-Form corporation[J]. Strategic Management Journal, 15 (S2): 73-90.

Hirschman A O. 1958. The Strategy of Economic Development[M]. New Haven: Yale University Press.

Hsu J Y. 1997. A late industrial district: Learning network in the hsinchu science-based industrial park[D]. Berkeley: University of California.

Inkpen A C. 2005. Learning through alliances: General motors and NUMMI[J]. California Management Review, 47 (4): 114-136.

Janos A. 1985. A comparison of models for strategic planning risk analysis and risk[J]. Theory and

Decision, 19 (3): 205-248.

Jansen J, van den Bosch F, Volberda H W. 2006. Exploratory innovation, exploitative innovation, and performance: Effects of organizational antecedents and environmental moderators[J]. Management Science, 52 (11): 1661-1674.

Jaworski B J, Kohli A K. 1993. Market orientation: antecedents and consequences[J]. Journal of Marketing, 57 (3): 53-70.

Jones G K L A, Aldor L J R, Teegen H J. 2000. Determinants and performance impacts of external technology acquisition[J]. Journal of Business Venturing, 16 (3): 255-283.

Kamien M I, Schwartz N L. 1975. Market structure and innovation: A survey[J]. Journal of Economic Literature, 13 (1): 1-37.

Katz M L, Ordover J A, Fisher F, et al. 1990. R&D Cooperation and Competition[J]. Brookings Papers on Economic Activity, Microeconomics, 29 (8): 137-203.

Katzy B R, Crowston K. 2008. Competency rallying for technical innovation-The case of the Virtuelle Fabrik[J]. Technovation, 28 (10): 679-692.

Khanna T, Gulati R, Nohria N. 1998. The dynamics of learning alliances: Competition, cooperation, and relative scope[J]. Strategic Management Journal, 19 (3): 193-210.

Killing J P. 1983. Strategies for Joint Venture Success[M]. New York: Praeger: 101-103.

Kim L. 1997. Imitation to Innovation: The Dynamics of Korea's Technological Learning[M]. Boston: Harvard Business Press.

Klein G. 2009. Operating system verification-An overview[J]. Asia Pacific Journal of Management, 34 (1): 27-69.

Kline S J, Rosenberg N. 1986. An Overview of Innovation[M]. Washington: National Academics Press.

Kline. 1977. Dynamic Economics[M]. New York: Harvard University Press.

Kokko A. 1994. Technology market characteristics and spillovers[J]. Technology Market Characteristics and Spillovers, 43 (2): 279-293.

Krusell P, Ohanian L E, Ríos-Rull J V, et al. 2000. Capital-skill complementarity and inequality: A macroeconomic analysis[J]. Econometrica, 68 (5): 1029-1053.

Kuemmerle W. 1997. Building effective R&D capabilities abroad[J]. Hazard Business Review, 75 (2): 61-70.

Lall S. 1980. Vertical inter firm linkages in LDCS: An empirical study[J]. Oxford Bulletin of Economics and Statistics, 42 (3): 203-226.

Lee J. 1995. Small firms' innovation in two technological settings[J]. Research Policy, 24 (3): 391-401.

Lee S J, Park B, Kim S H, et al. 2012. Innovation and imitation effects in the mobile telecommunication service market[J]. Service Business, 6 (3): 265-278.

Lemaitre N. 2008. Stimulating innovation in large companies[J]. R&D Management, 8: 141-157.

Leonard-Barton D. 1992. Core capabilities and core rigidities: A paradox in managing new product development[J]. Strategic Management Journal, 13 (S1): 111-125.

Leonard-Barton D. 1998. Wellsprings of Knowledge: Building and Sustaining the Sources of Innovation[M].

Boston: Harvard Business Press.

Lichtenthaler U. 2009. Absorptive capacity, environmental turbulence, and the complementarity of organizational learning processes[J]. Academy of Management Journal, 52 (4): 822-846.

Lichtenthaler U, Lichtenthaler E. 2009. A capability-based framework for open innovation: Complementing absorptive capacity[J]. Journal of Management Studies, 46 (8): 1315-1338.

Liu X, Zou H. 2008. The impact of green field FDI and mergers and acquisitions on innovation in Chinese high technology industries[J]. Journal of World Business, 43 (3): 352-364.

Lowe J, Taylor P. 1998. R&D and technology purchase through license agreements: Complementary strategies and complementary assets[J]. R&D Management, 28 (4): 263-278.

Lundvall B A. 1997. The globalising learning economy: Implication for innovation policy[R]. Brussels: Commission for the European Community.

Lyles M A, Salk J E. 1996. Knowledge acquisition from foreign parents in international joint ventures: An empirical examination in the Hungarian context[J]. Journal of International Business Studies, 27 (5): 877-903.

MacMillan I, McCaffrey M, van Wijk G. 1985. Competitor's responses to easily imitated new products: Exploring commercial banking product introductions[J]. Strategic Management Journal, 6 (1): 75-86.

Mansfield E. 1961. Technical change and the rate of imitation[J]. Econometrica: Journal of the Econometric Society, 29 (4): 741-766.

Marjolein C J, Verspagen B. 2001. Barriers to knowledge and regional convergence in an evolutionary model[J]. Journal of Evolutionary Economies, 11 (3): 307-329.

Markusen. 1992. Productivity, Competitiveness, Trade Performance and Real Income: The Nexus among Four Concepts[M]. Ottawa: Supply and Services Canada.

Mathews J A. 2002. Competitive advantages of the latecomer firm: A resource-based account of industrial catch-up strategies[J]. Asia Pacific Journal of Management, 19 (4): 467-488.

Medcof J W. 1997. A taxonomy of internationally dispersed technology units and its application to management issues[J]. R&D Management, 27 (4): 301-318.

Milgrom P, Roberts J. 1990. The economics of modern manufacturing: Technology, strategy, and organization[J]. American Economic Review, 80 (3): 511-528.

Mintzberg H. 1978. Patterns in strategy formation[J]. Management Science, 24 (9): 934-948.

Nahapiet J, Ghoshal S. 1998. Social capital, intellectual capital, and the organizational advantage[J]. Academy of Management Review, 23 (2): 242-266.

Niosi J, Saviotti P, Bellon B, et al. 1993. National systems of innovation: In search of a workable concept[J]. Technology in Society, 15 (2): 207-227.

Nonaka I, Takeuchi H. 1995. The Knowledge-creating Company: How Japanese Companies Create the Dynamics of Innovation[M]. Oxford: Oxford University Press.

Nonaka I. 1994. A dynamic theory of organizational knowledge creation[J]. Organization Science, 5 (1): 14-37.

OECD. 1997. National Innovation Systems[R]. Paris: OECD.

Olhager J, West B M. 2002. The house of flexibility: Using the QFD approach to deploy manufacturing flexibility[J]. International Journal of Operations & Production Management, 22 (1): 50-79.

Osborn R N, Baughn C C. 1990. Forms of inter-organizational governance for multinational alliances[J]. Academy of Management Journal, 33 (3): 503-519.

Osterloh M, Frey B S. 2000. Motivation, knowledge transfer, and organizational forms[J]. Organization Science, 11 (5): 538-550.

Park S H, Zhou D. 2005. Firm heterogeneity and competitive dynamics in alliance formation[J]. Academy of Management Review, 30 (3): 531-554.

Porter M E. 1980. Competitive Strategy: Techniques for Analyzing Industries and Competitors[M]. New York: Free Press.

Porter M E. 1985. Competitive Advantage: Creating and Sustaining Superior Performance[M]. New York: Free Press.

Prahalad C K, Hamel G. 1990. The core competence of the corporation[J]. Harvard Business Review, 68 (3): 275-292.

Reddy P. 2000. Globalization of Corporate R&D: Implications for Innovation Systems in Host Countries[M]. London: Routledge Press.

Robert M G. 1996. Toward a knowledge-based theory of the firm[J]. Strategic Management Journal, 17 (S2): 109-122.

Robins J A, Tallman S, Fladmoe-Lindquist K. 2002. Autonomy and dependence of international cooperative ventures: An exploration of the strategic performance of U.S. ventures in Mexico[J]. Strategic Management Journal, 23 (10): 881-901.

Rothaermel F T, Ku D N. 2008. Intercluster innovation differentials: The role of research universities[J]. IEEE Transactions on Engineering Management, 55 (1): 9-22.

Sanchez R. 1995. Strategic flexibility in product competition[J]. Strategic Management Journal, 16 (S1): 135-159.

Sanchez R. 1997. Preparing for an uncertain future: Managing organizations for strategic flexibility[J]. International Studies of Management & Organization, 27 (2): 71-94.

Schaffer M E. 1988. Evolutionarily stable strategies for a finite population and a variable contest size[J]. Journal of Theoretical Biology, 132 (4): 469-478.

Schlag K H. 1994. When does evolution lead to efficiency in communication games?[J]. Academy of Management Journal, (4): 303.

Schumpeter J A. 1951. Essays of J. A. Schumpeter[M]. Cambridge: Addison-Wesley Press.

Scott J E. 1998. Organizational knowledge and the Intranet[J]. Decision Support Systems, 23 (1): 3-17.

Selten R. 1980. A note on evolutionarily stable strategies in asymmetric animal conflicts[J]. Journal of Theoretical Biology, 84 (1): 93-101.

Selten R. 1983. Evolutionary stability in extensive two-person games[J]. Mathematical Social Sciences, 5 (3): 269-363.

Sethi A K, Sethi S P. 1990. Flexibility in manufacturing: A survey[J]. International Journal of Flexible Manufacturing Systems, 2 (4): 289-328.

Shan R, Bernard K N. 1994. Creating strategic change in procurement orientation: A strategy for improving competitiveness[J]. European Journal of Purchasing & Supply Management, 1 (3): 149-160.

Spielman D J, Ekboir J, Davis K. 2009. The art and science of innovation systems inquiry: Applications to Sub-Saharan African agriculture[J]. Technology in Society, 31 (4): 399-405.

Storto C L. 2006. A method based on patent analysis for the investigation of technological innovation strategies: The European medical prostheses industry[J]. Technovation, 26 (8): 932-942.

Szulanski G. 2000. The process of knowledge transfer: A diachronic analysis of stickiness[J]. Organizational Behavior and Human Decision Processes, 82 (1): 9-27.

Taggart J H. 1998. Determinants of increasing R&D complexity in affiliates of manufacturing multinational corporations in the UK[J]. R&D Management, 28 (2): 101-110.

Teece D J. 1981. Multinational enterprise: Market-failure and market-power considerations[J]. Sloan Management Review, 22 (3): 3-17.

Teece D J. 1996. Firm organization, industrial structure, and technological innovation[J]. Journal of Economic Behavior and Organization, 31 (2): 193-224.

Teubal M. 2002. What is the systems perspective to Innovation and Technology Policy (ITP) and how can we apply it to developing and newly industrialized economies?[J]. Journal of Evolutionary Economics, 12 (1-2): 233-257.

van de Ven A H, Polley D E, Garud R, et al. 1999. The Innovation Journey[M]. New York: Oxford University Press.

van Elkan R. 1996. Catching up and slowing down: Learning and growth patterns in an open economy[J]. Journal of International Economics, 41 (1-2): 95-111.

Varsakelis N C. 2006. Education, political institutions and innovative activity: A cross-country empirical investigation[J]. Research Policy, 35 (7): 1083-1090.

Vernon R. 1966. International investment and international trade in the product cycle[J]. The Quarterly Journal of Economics, 80 (2): 190-207.

Viswanadham N N, Raghavan R S. 1997. Flexibility in manufacturing enterprises[J]. Asia Pacific Journal of Management, 22 (2): 135-163.

Wernerfelt B. 1984. Stagflation, new products, and speculation[J]. Journal of Macroeconomics, 6 (3): 295-309.

Willcocks L, Hindle J, Feeny D. 2004. IT and business process outsourcing: The knowledge potential[J]. Information Systems Management, 21 (3): 7-15.

Xue Y. 2007. Make or buy new technology: The role of CEO compensation contract in a firm's route to innovation[J]. Review of Accounting Studies, 12 (4): 659-690.

Ye K T. 1995. Strategy for risk management through problem framing in technology acquisition[J]. International Journal of Project Management, 13 (4): 219-224.

Yin R K. 1984. Case Study Research: Design and Methods [M]. London: SAGE Publications Inc..

Young S, Lan P. 1997. Technology transfer to china through foreign direct investment[J]. Regional Studies, 31 (7): 669-679.

Zahra S A, George G. 2002. Absorptive capacity: A review, reconceptualization, and extension[J]. Academy of Management Review, 27 (2): 185-203.

Zhang L L, Zheng X Y, Li J. 2008. A way to improve knowledge sharing: From the perspective of knowledge potential[J]. Journal of Service Science &Management, 1: 226-232.